当孔子遇上哈佛·职场心性智慧

李克明 著

当代世界出版社

图书在版编目（CIP）数据

当孔子遇上哈佛：职场心性智慧 / 李克明著 . --北京：当代世界出版社，2016.7

ISBN 978-7-5090-1113-3

Ⅰ . ①当… Ⅱ . ①李… Ⅲ . ①哲学－中国－通俗读物 Ⅳ . ① B2-49

中国版本图书馆CIP数据核字（2016）第 147699 号

当孔子遇上哈佛：职场心性智慧

作　　者：	李克明
出版发行：	当代世界出版社
地　　址：	北京市复兴路4号（100860）
网　　址：	http://www.worldpress.org.cn
编务电话：	（010）83908456
发行电话：	（010）83908409
	（010）83908377
	（010）83908423（邮购）
	（010）83908410（传真）
经　　销：	全国新华书店
印　　刷：	北京紫瑞利印刷有限公司
开　　本：	710毫米×1000毫米　1/16
印　　张：	23
字　　数：	300千字
版　　次：	2017年1月第1版
印　　次：	2017年1月第1次
书　　号：	ISBN 978-7-5090-1113-3
定　　价：	58.00 元

如发现印装质量问题，请与承印厂联系调换。
版权所有，翻版必究，未经许可，不得转载！

谨以此书的著作出版，纪念 李俊博士

身体发肤，受之父母，不敢毁伤，孝之始也。立身行道，扬名于后世，以显父母，孝之终也。夫孝，始于事亲，中于事君，终于立身。《大雅》云：『无念尔祖，聿修厥德。』

——《孝经·开宗明义章第一》

推荐序一

"做人"成功的心性智慧

陈定国

元大创业投资公司董事长李克明博士用四年工夫写这本《当孔子遇上哈佛》,"首部曲:职场心性智慧"以十八篇文章、十八句名言、引用五十多本著作,从圆融的角度举出黄石公标榜的"道、神、圣、贤"修炼佳途,读来引人入胜,爱不释手。2013年的农历年节假期长达九天,正适合用来咀嚼这本芬芳的道果。

李克明博士毕业于美国哈佛大学(创立于1636年)法学院(创立于1817年)JD班与商学院(创立于1908年)MBA班,受过严格的逻辑科学教育训练,是不折不扣的西方文化"制造品"。但是他回台湾职场工作之后,因缘际会跌进了东方儒、道、法、兵、纵横、释古老经典文化的湖海里。孔子生于公元前551年、老子约生于公元前560年、管仲约生于公元前725年、孙武生于公元前535年、释迦牟尼生于公元前565年,这些人都比哈佛大学法学院与商学院早很久。因此他又成为东方经典的"再加工品",对世间"人"与"事"有别有心裁的心得。所以这本《当孔子遇上哈佛》的确是一本难得的东西合璧之修业进德宝典,特此郑重推荐。

我个人于1986年到美国学习西方的近代企业管理,在1973年获得密歇根大学企管博士学位,回台从事企管教学与实务工作,对中国古典文化一直似懂非懂,见面不相识。直到1988年在香港拜见国学大师南怀瑾先生后,认真研读南怀瑾先生送我的三十多本他在儒、道、释方面的呕心著作后,才幡然觉醒我过去有多愚蠢，竟然把先圣先贤教我们如何"做人"与"做事"的中华宝贵经典文化轻易置于路旁，无缘面对不相识，天天经过不置一眼。但"亡羊补牢，犹未晚也"，从那时起我也和李克明博士一样，一头栽进浩瀚的中华民族文化经典里，把南怀瑾大师的系列著作一一研读，醍醐灌顶，如饮琼浆玉液，心畅体舒，对于我以前所学之行尸走肉式的西方管理知识也注入新灵魂，得以领悟西方资本主义的经营管理，必须有东方中华民族的王道文化来导引及中和，才不会迷失于人类贪婪的红尘万丈中。

中华经典文化教我们如何成功的"做人"（谦虚）及"做事"（认真）。南怀瑾老师曾经举三位历史名人，说明真正成功的境界，必须会"做人"又会"做事"才行。第一位是北宋民族英雄岳飞，他"做事成功"（打仗百战百胜），但"做人失败"（和长官政治关系恶劣），所以被皇帝及奸相冤死。第二位是南宋民族英雄文天祥，他"做人成功"（文状元散尽家财抗元），但"做事失败"（每战必败），所以被元世祖忽必烈擒拿，写下《正气歌》，终死于监狱中。只有第三位的唐朝郭子仪，他"做事成功"（勤王每战必胜），"做人也成功"（战胜后，马上辞去兵权以宽皇帝之心），所以他能以"并肩王"之高位，及七子八婿大团圆享受善终知五福。

李克明董事长的这本《当孔子遇上哈佛》就是教我们成功"做人"的心性智慧宝典，详读书中所举众多常例及典故来源，会让人凭空增加人生修炼功夫好几段，实在很实惠，既可提高文化水平，又可增加成功几率，更可发挥老祖宗的三不朽功德。使现代的企业创业家及职业经理人，有好的与时俱进知识（即良知），又有好的能力表现（即良能），更有好的道德良心（即良心），这种良知、良能、良心三者兼备的"三良"企业经理人，才是造福广大社会人群的宝贝。

（本文作者曾任教于台湾大学、台湾政治大学及淡江大学多年，现任"中华企业研究院"基金会公益董事长）

推荐序二

从经典中汲取经营智慧

司徒达贤

中国有几千年文化,全世界华人也常以此为傲。文化的内涵表现在许多方面:艺术、文学、饮食、礼俗、家族关系,甚至我们日常的应对行为与处世态度,都可视为文化的一部分。然而除此之外,显然还有一项极为重要的文化或文化宝藏,就是古籍中的经典。

这些经典是中国古人在本身体验与观察别人的生活、生命、功过、成败以后所累积下来的珍贵心得,内容包括对自身的反省与修炼、人与人之间的关系、人与群体的互动、君臣的分际、机构领导人的智慧,以及战争的艺术与原则。这些几乎涵盖了从修身、齐家一直到治国、平天下所有"应用社会科学"的主要议题。

典籍如此丰富,但我们深入接触的机会却不多。许多人对它们的了解似乎只限于中学国文课里聊备一格的"中国文化基本教材",以及从小听到大、偶尔也会朗朗上口的成语(例如"不豫则废""当机立断""知所先后")。这些对我们日常的决策或为人处世的原则颇有指导作用,然而当面对更复杂的决策情境时,依然会感到不足。西方的管理理论,尤其在策略、组织、领导等方面的重要学理,的确也为我们提供了许多极有价值的思考角度,但我们对西方的历史、文学、宗教、生活态度等,毕竟难称熟稔,因此对这些经典背后更深层的文化底蕴肯定更感隔阂,于是从中国古籍经典中找寻能够深化我们人生思想的素材，可能边际效果更高。

然而古籍经典浩瀚，明知其中有宝，却往往不知从何着手。这本《当孔子遇上哈佛》恰好为我们提供了此一吸收学习的管道。拜读之后，发现这本书不仅体系相当完整，让读者可以从不同的主题略窥各种古籍经典对此一主题的看法；而且发现其内容与现代的管理哲学也似乎紧密呼应。例如对君主或对军事将领的领导行为，经典中所建议的几乎与现代管理学的主张若合符节；又如传统的经营策略强调的是"为顾客创造价值"，竞争策略谈的是竞争者之间的攻防或欺敌，而在中国古籍经典中早已用"奇正相生"的道理来整合双方的论述。

又如兵书中的"以寡击众"，相当于现代企业在策略上聚焦于特定的目标市场，或集中资源于独特的价值活动，也就是设法在一片红海中寻找或创造有利我方的战场。现代策略管理十分重视"时机"，而这些古籍经典中对"机"的着墨甚多，主张在军事行动上，不宜冒进，而应等待时机，等到形势的变化有利于我方时再采取行动。而经典比现代学理谈得更多的是：在等待时机的过程中，除了耐心等待之外，还可以采取一些作法来制造对方的"乱"，并在乱的过程中为自己创造更多行动机会。这类战术，其实在实务上也常出现，但古籍在千年以前早已详细介绍了。

此外，经典中对"王道与霸道"的区别、"好战必亡，忘战必危"的提醒、在"征服"之后"凝聚整合"的重要、成就功业的心性智慧，以及在言辞、行动与领导方面"迂回"的艺术等，本书中都有极为精彩的说明。古籍中的这些建议，当然不是颠扑不破的真理，更不是经营管理或制定策略时的SOP，但来自千年以前古人的殷切叮咛，总能让我们想得更深，考虑得更周详。

本书作者李克明董事长学贯中西，是美国哈佛大学法律学博士（JD）和企管硕士（MBA），有着丰富的实务经验，近年来大力推广经典的研读，并曾在海峡两岸针对经典与人生的议题，举办数十场专题演讲，十分有贡献。以他的学习经历以及事业成就来解读诠释这些经典，或许和纯粹学者之讲解经典有所不同。李董事长虽然自谦认为本书是"述而不作",但事实上在这些议题的选择、编排、举例以及解读中,已大量包括了他自己的人生智慧在内。

这本书需要仔细精读,并和自己人生中所曾遭遇的疑问相互对照才能有所启发。相信希望对自身思想能有所深化的读者们,可以从本书中受益良多。

(本文作者为台湾"国立政治大学"讲座教授)

自序

孔子 VS 哈佛

年轻时负笈哈佛大学读商、学法，受到正统哈佛教育的严格训练，我是一个由内到外以哈佛企管和法律专业逻辑思考、做事的人。

2005年春，因缘际会重新回到少年时涉猎过的经典之中，一头栽进包括儒、道、法、兵、纵横、释（特别是禅宗）各家在内的古籍，遨游在广义的儒家思想之中。

以哈佛灌输给我的思考逻辑细读中国经典，验证内涵，领悟真义，正是孔老夫子遇上了哈佛，故取之以为书名。

写书动机

孔子遇上哈佛，其结果和少年求学时学习中华文化基本教材迥然不同！不仅在人生道路上已经累积了相当里程，在人生考场上也经历了无数大考、小考的我，再读道、神、圣、贤传世经典，就好像看到一张生命大地图、读到一本人生处世解题大全；而以哈佛的思考逻辑检验经典的内涵，竟然发现：原来，要成功地应付人生的各项挑战，要拥有精彩人生，苦思不得的方向、道路、方法和解答，竟然全都已经写在被我们长期忽略、束之高阁的经典之中了。

好东西要与人分享。在我过去十几年公开分享经典心性智慧的场合中，最常被问到的问题就是："经典看来真的很有用，能推荐一本入门的经典吗？"

可惜的是，每本经典都非常精彩，但切入点和重点各有不同，可谓各擅胜场，要选出其中一本作为学习经典的入门读物，却可真是不大可能！

针对这个需求，写书的念头因此而生：以议题分篇的方式，从百部经典中，把咱们老祖宗对特定重大议题的立场和论述集成一篇，让现代人由阅读书中议题，就学到了道、神、圣、贤传世经典中对那个议题的所有相关论述，岂不美哉！

写书的念头，与我想在人生中做真正有意义、有价值的事息息相关——对在人生还没有重大成就的我而言，写一本广传道、神、圣、贤心性智慧，能帮助千千万万读者好好做"人"进而得到顺遂圆满人生的书，虽然艰难，却是值得努力的目标！

这是本什么书？

没有文史的专业训练，我写的这本书不是学术作品，也不谈考据训诂，只是一本帮助读者轻松扮演好"人"这个角色的生活、生命工具书。

这本书效法孔老夫子"述而不作"的精神，不另立理论，只汇整三千年道、神、圣、贤在人生重要议题上的心性智慧，以继往开来，薪火相传，作为有志者实践顺遂人生的参考书。

经典不仅内涵发人深省，文字词藻更是优美，这本书广泛引用经典名言佳句，可充当品尝文言文之美的休闲书。

遇到人生难题、面对艰难挑战，可以在其中找到解决问题的答案，这本书是立命安身的锦囊，生死关头的救命书。

最后，这本书对当代特定人、事的批判不多，理由有二：一则不希望这本书成为横跨区区的断代史。二则书中道、神、圣、贤教诲，有如明镜高悬，任何人的所作所为只要与它并列对比，是非立判，原形毕露，妖魔鬼怪小丑顿显，又何需本书再为指指点点？

章节内容铺排

在人人忙着拼财力、数钞票、为生活奋斗的如今经济社会中，要说服人们去亲近经典，学习和实践经典的内涵，必先让大家相信道、神、圣、贤的心性智慧可以帮助他们在竞争激烈的职场中做得更好、得到成功！这本书的内容就是要让大家在学习了经典心性智慧之后，可以立刻把它们用出来，见到效果！

本书由"圣贵在功"开始，开宗明义地揭橥：成功是为了兼善天下；而"义兵无偃"，兵事虽凶，但在为民福祉的前提下，以战止战是必要的；"王霸在遇"让人知道王、霸雷同之处甚多，成王成霸其实取决于时机；更警惕世人要"为学知兵"，过惯太平日子、养尊处优而不学兵的人，祸患不远矣！

为了要以战止战，得到战果，接下来的篇幅涵盖了"奇正相生""避实击虚""以寡击众""不豫则废""待敌可胜""当机立断""迂回至要"这些常常用在作战，却也可以应用在人生其他方面的兵学观念。而虚实在人生中还有兵学之外的涵义，故把"虚实难分"和"实腹虚心"也并列阐述。

人要完成丰功伟业，必得有蓝海策略，本书在随后章节中，阐述了"知所先后""正名定分""素位而行""取法乎上""合宜得当""常行不休"和"抱道待时"多项经典智慧；这些智慧常被当今世人嗤之以鼻，其实却是真正高明的智慧。

为了让读者能立马找到所述心性智慧在经典中的出处，本书把白话正文和引用的经典文言原文分排对页相互对照；正文中所阐述道、神、圣、贤的心性智慧固然让人受用无穷，经典原文更值得多多细嚼、回味、甚至选择性地背下记诵。同一经典的不同版本，文字容有少许出入，标点符号则出入甚多，若书中所引经典原文的用字和标点符号与读者所用版本不同，敬祈见谅。

感谢与期许

以这本书纪念　先父李俊博士（1919～2010），显扬其名，以尽大孝。

感谢明师一指，让我在知命之年后，得闻大道，领悟经典真义，找到自己的天命。感谢母亲、妻子、女儿容忍我公余忙着治学、读书、写书，对她们照顾不周，有亏为子、为夫、为父的职责。

感谢台湾元大集团的领导们，承他们不弃，给了我份工作，让我衣食无虞，生活安定，可以在公余抽空写作。感谢学习经典的同道，倾听我的疯狂点子，试阅我的只言片语，提供我宝贵的意见。更感谢道、神、圣、贤，容许我借用他们的心性智慧，引他们的文字章句，写出这本书，相信我这后代的学生，没有辜负他们的期望和加持！

由 2008 年初步构思，到 2012 年完成初稿，这本书的繁体字版在 2013 年初出版，得到读者很大的回响。再经过几年的寻寻觅觅，得到久曜智慧（深圳）咨询有限公司、北京大吕文化传播有限公司和当代世界出版社的支持，终于能在 2017 年将简体字版付梓出版。个人才疏学浅，虽然已尽心尽力，错误仍是在所难免，还请读者多予包涵指正。

21 世纪是中国经典的世纪，让我们共同发扬道、神、圣、贤的心性智慧吧！

李克明于台北德润居
丙申 秋日

目 录

第一篇·圣贵在功 ································· 一

　世人论英雄，成败大不同 ················· 二
　唯成功，才能兼善天下 ····················· 四
　行动为上，成功为旨 ························ 四
　立大志，选正途，建事功 ················· 六
　成就事功必经的三境界 ····················· 八
　循着经典的教诲向前行 ····················· 一〇

第二篇·义兵无偃 ································· 一三

　兵，非常态事也！ ··························· 一四
　兵，其类有别，不祥之凶事 ············· 一四
　越俎代庖反伤己 ······························ 一八
　好战必亡，忘战必危 ························ 二〇
　以战止战须师出有名 ························ 二〇
　常做低眉菩萨，偶为怒目金刚 ········· 二二

第三篇·王霸在遇 ································· 二七

　王先，霸次之，强又次之 ················· 二八

I

王道难，自古仅三王 …………………… 二八
王霸之同 …………………………………… 三〇
王霸之异 …………………………………… 三六
王霸适时，存于所遇 …………………… 四二
能王当王，不能则霸 …………………… 四四

第四篇·为学知兵 …………………………… 四七

诡道该用，兵学要懂！ ………………… 四八
兵学之事，经典必谈 …………………… 四八
辅佐王业的利器 ………………………… 五〇
战略以仁立，战术以诈立 ……………… 五二
禁暴除害，不为争夺 …………………… 五四
凝聚整合才是重点 ……………………… 五六
全学：仁义兵缺一不可 ………………… 五八
全方位的动员整合 ……………………… 六〇
用兵之道，即人生之道 ………………… 六二
不学兵，不知兵，危矣！ ……………… 六六

第五篇·奇正相生 …………………………… 六九

老摩根珍珠别针的算计 ………………… 七〇
什么是正？什么是奇？ ………………… 七二
何时该正？何时该奇？ ………………… 七六
奇正的关系 ……………………………… 七六
奇正相生，变化莫测 …………………… 八〇
现代版的奇正之术 ……………………… 八二
三十六计：六套奇计 …………………… 八四
奇攻不成，再复为正！ ………………… 八八

第六篇之一·虚实难分 …… 九一

真假难分，虚实难辨 …… 九二
唯一的真是道、是一 …… 九二
真假对应，相互成就 …… 九四
真，掺不得假 …… 九六
真，无需修饰 …… 九八
人皆知真之为真，斯假矣！ …… 一〇〇

第六篇之二·实腹虚心 …… 一〇三

心虚：纳天下的优点 …… 一〇四
《道德经》中的虚 …… 一〇四
真正的虚不受事物牵制 …… 一〇八
大清明：虚壹而静 …… 一一〇
虚：九守之首，灵之所来 …… 一一二
不虚，不能容；先减，才能加 …… 一一四

第六篇之三·避实击虚 …… 一一七

实战与虚战 …… 一一八
避实击虚的要领 …… 一二〇
虚实的表里组合变化 …… 一二二
实则正攻，虚则奇攻 …… 一二六
致人：写剧本是实，照人剧本演是虚 …… 一二八
致人求虚：奇攻不成，再复为正！ …… 一三〇

第七篇·以寡击众 …… 一三三

使敌备多力分，我则集中一点 …… 一三四

避之于易，邀之于阨 ·············· 一三六
营造有利的环境态势 ·············· 一三六
从敌众我寡到敌寡我众 ············ 一三八

第八篇・不豫则废 ················ 一四三

不准备，会倒霉 ················· 一四四
机会眷顾有备的心智 ·············· 一四四
备之慎之，慎在备先 ·············· 一四六
准备，是成事的起点 ·············· 一四八
居安思危，有备无患 ·············· 一五〇
准备的深度要超过门槛 ············ 一五二
准备的广度要包罗万象 ············ 一五四
豫，可能有惊喜！ ··············· 一五六

第九篇・待敌可胜 ················ 一五九

赌桌上的"待敌之可胜" ············ 一六〇
先求不败，见可则进 ·············· 一六〇
胜利多来自对手的失误 ············ 一六二
孰可胜？孰不可胜？ ·············· 一六四
提高胜率的情境模式范本 ·········· 一六六
安陵缠的知时、待时 ·············· 一六八
孕育胜机，耐心等待 ·············· 一七〇

第十篇・当机立断 ················ 一七五

人生如棋，抓住关键 ·············· 一七六
关键时刻，Tipping Point ·········· 一七六

无"机"不成事 ……………………一七八
　　"机"的生成与掌握 ……………………一八〇
　　利不可失，机不可迟 ……………………一八二
　　待机如处女，用机似脱兔 ……………………一八四

第十一篇·迂回至要……………………一八七
　　迂回前进才能直达目标 ……………………一八八
　　以迂为直，后发先至 ……………………一八八
　　迂回的运用 ……………………一九〇
　　迂回至要，正言若反 ……………………一九八

第十二篇·知所先后……………………二〇一
　　本末先后的黄金原则 ……………………二〇二
　　大人之学的进程 ……………………二〇四
　　做人处世的先后之序 ……………………二〇四
　　不知本末先后，就不是块料！ ……………………二〇八
　　孰先孰后？结果大不同！ ……………………二一〇
　　今世混乱，正因本末倒置 ……………………二一二
　　以其所不爱及其所爱 ……………………二一四

第十三篇·正名定分……………………二一七
　　旧字新解：名分混乱 ……………………二一八
　　名，区别本质，界定范畴 ……………………二二〇
　　正名：寓褒贬，分善恶 ……………………二二〇
　　不同，就必须分 ……………………二二二
　　谨守分际，齐心戮力 ……………………二二四

名实不副，必乱 ……………… 二三〇
　　名正国安，分偏国乱 …………… 二三二
　　名分与时势不可混淆 …………… 二三四
　　拨乱反正，重建正确价值观 …… 二三六

第十四篇·素位而行 ………………… 二三九

　　做什么，要像什么 ……………… 二四〇
　　每个人都有自己的角色 ………… 二四二
　　学习角色的职责内容 …………… 二四四
　　角色混乱，天下大乱 …………… 二五二
　　贵贱大小，各有贡献 …………… 二五四
　　"人"的角色先于其他 …………… 二五八
　　让自己今天比昨天好 …………… 二六〇
　　世界舞台人生戏 ………………… 二六二

第十五篇·取法乎上 ………………… 二六五

　　素位其行之外，还要素行其位 … 二六六
　　准备好再跨入角色 ……………… 二六八
　　树立典范，见贤思齐 …………… 二六八
　　有为者亦若是！ ………………… 二七〇
　　设定目标，当下就做！ ………… 二七二
　　展现修身的进阶功夫 …………… 二七四
　　用在己身，也期许别人 ………… 二七六
　　堂吉诃德的启示 ………………… 二七八
　　目标要设高、设大 ……………… 二七八
　　与古人一比心志功业而不愧 …… 二八二
　　没有不可能的梦想 ……………… 二八四

第十六篇·合宜得当 ……………… 二八七

- 一场拼了命的竞技 ……………… 二八八
- 合宜得当大不易 ……………… 二九〇
- 宜不宜：视情、视形、视势 ……………… 二九二
- 此一时彼一时的判断力 ……………… 二九四
- 无意义，则无"所当" ……………… 二九六
- 无本质，则无依托 ……………… 二九八
- 盗亦有道？胡说八道！ ……………… 二九八
- 多读经典，万无一失 ……………… 三〇〇

第十七篇·常行不休 ……………… 三〇三

- 努力：成功的必要条件 ……………… 三〇四
- 专注持续，心无旁骛 ……………… 三〇四
- 坚持到底，始终如一 ……………… 三〇六
- 人休我不休，愈努力愈好运 ……………… 三〇八
- 兔不如龟，跛鳖胜六骥 ……………… 三一二
- 要先难才能后获 ……………… 三一四
- 依循正确的方法和方向 ……………… 三一四
- 把握当下，趁早开始 ……………… 三一六

第十八篇·抱道待时 ……………… 三一九

- 不得时无法成功 ……………… 三二〇
- 天时非一己可以创造 ……………… 三二〇
- 耐心以待天时 ……………… 三二二
- 得时，而后成 ……………… 三二四
- 难易不在小大，在知不知时 ……………… 三二八

得时功倍，失时无功 …………… 三三〇
　　抱道以待其时 ………………… 三三〇
　　广博、积极、动态的作为 ………… 三三二
　　能造就成功的有利外在环境 ……… 三三四
　　得时、当运、有命 ……………… 三三六

索引 ……………………………… 三三九

第一篇·圣贵在功

为了兼善天下，我们应该追求成功！

圣者最可贵的，就在成就了事功。
但什么是成功？又要怎样追求成功？
不同选择、不同做法，成王败寇，结局大不同！
道、神、圣、贤的心性智慧，行动为上，成功为旨，
只要循着经典的教诲前行，我们一定会成功！

世人论英雄，成败大不同

俗话说："成者为王，败者为寇。"世人多以成败论英雄，创建伟大功业的国君鲜有人认为他不肖，而亡国之君也听不到有人说他贤明。❶

中国历史上，许多功业显赫的国君，未必合乎道、神、圣、贤经典所称的圣明，《吕氏春秋》就举了三个例子：越王勾践以诈伪消灭了吴王夫差，楚文王以诡术吞并了息、蔡两国，赵襄子以阴谋灭掉代国。

这三名国君，各以各的方式得到自己所要的结果，并不完全遵照人情常理，但后世仍然称颂他们，这全是因为他们有所成就，建立了事功。❷

《吕氏春秋》接着讲的结论，该是最重要的了：任何人如果能建立类似的事功又不失道义，也就可以做到王天下了。❸

可见，建立事功是王天下的必要条件！

魅力是放大了尺度、对群众的诱惑；有魅力的人让群众爱上他们，然后跟着他们走。❹

而"说要做什么就能成功做到"的人格特质，正是魅力的构成要件之一。具有如此特质的人，展现出所言必行、所行必成的魄力、信心和能力；当他再说要成就什么功业时，即使群众并不清楚他的计划，不知道他要怎么做、要花多久时间才能完成，却都会相信他一定能达成目的，愿意毫不犹豫地追随他、加入他。这就是他吸引群众的魅力。❺

"使命必达，说到做到"的魅力构成要件，若没有过往成功的纪录可稽，很难散发出吸引群众、令人信服的魅力。

【典籍出处】

❶ 故人主有大功，不闻不肖，亡国之主不闻贤。《吕氏春秋·长攻》

❷ 此三君者，其有所自而得之。不备遵理，然而后世称之，有功故也。《吕氏春秋·长攻》

❸ 有功于此而无其失，虽王可也。《吕氏春秋·长攻》

❹ Charisma is seduction on a mass level. Charismatics make crowds of people fall in love with them, then lead them along. ——*The Art of Seduction*

❺ Purpose. If people believe you have a plan, that you know where you are going, they will follow you instinctively. ——*The Art of Seduction*

唯成功，才能兼善天下

讲到人该不该追求胜利，该不该追求名声，明末清初《潜书》的作者唐甄点出其中关键：如果有人能以道心战胜私欲，那唯恐他不追求胜利；如果有人能以德行建立名声，那唯恐他不追求名声！追求成功是否值得鼓励，全看追求成功的目的何在罢了！❻

所有生物中最可贵的就是人，人身上最可贵的就是心，心最可贵的就是成圣，圣者最可贵的就是成就了事功。❼

的确，圣贵莫如功，道、神、圣、贤经典都是强调成就事功的。儒家思想主张：一个士人在不得志时，至少要做到独善其身；而一旦得志，就一定要施展抱负，兼善天下。❽

读书人、知识分子的可贵之处，在于他们读了圣贤书，学得经国济世、平定乱局、除暴安良的好本领。如果读书人、知识分子不谈建立功业，只以一身的平安顺遂为满足，那和没见识、没能力的匹夫匹妇又有什么不同呢？❾

心怀大志，一心想兼善天下的人，若是没有达到心愿，是死而有憾的！❿

想要兼善天下，就必须先成就功业！

行动为上，成功为旨

道、神、圣、贤传世的经典中，记载了后代子孙应该学习和实践的各项做人处世心性智慧。但学习只是第一步，重点在于学到之后的身体力行。

学习道、神、圣、贤的心性智慧，如果只求知道、了解，却没有在生活中实践，还不如不知道，重要的还是实践学到的东西。⓫

❻ 诚能以道自胜，唯恐其不求胜也；诚能以德成名，唯恐其不求名也。《潜书·上篇下·格定》

❼ 唐子曰：生贵莫如人，人贵莫如心，心贵莫如圣，圣贵莫如功。《潜书·上篇下·有为》

❽ 得志与民由之；不得志独行其道。《孟子·滕文公下》

❾ 儒之为贵者，能定乱，除暴，安百姓也。若儒者不言功……但取自完，何以异于匹夫匹妇乎？《潜书·上篇上·辨儒》

❿ 子曰："君子疾没世而名不称焉。"《论语·卫灵公篇》

⓫ 徒知，不如不知，贵能为之。《潜书·上篇下·格定》

《大学》这本教人如何学做大人、做有道德之人的书,以"三纲领"教人首先要领悟灵明的本性,接下来要推己及人、己立立人、己度度人,最后达到至善的境界。❶❷

又以"八条目"——格、致、诚、正、修、齐、治、平八个项目——阐明一个人由独善其身到兼善天下的进阶途径,而历经这些项目阶段,是有其最终目标的。

唐甄以《诗经》的心性智慧为例说明:行为的战战兢兢不是目的,之所以如临深渊,如履薄冰,目的在于平安顺利过河。"战战兢兢,如临深渊,如履薄冰"只是手段,"过河"才是目的;同理,学道、神、圣、贤的心性智慧只是手段,兼善天下、经世济民才是目的。❶❸

因此,向往道、神、圣、贤心性智慧,学习经典的人,别忘了心怀"致远、犯难";要知道:言行如曾参夫子,却不具备勇士孟贲渡河勇气的人,其实离圣人的诚敬还远得很呢!❶❹

要立下大志,许下大愿,不怕困难,勇往直前,运用道、神、圣、贤的心性智慧去建立兼善天下、经世济民的伟大事功——这才是读经典、学习经典的终极目标!

立大志,选正途,建事功

一个立下大志向的人,纵使最后未能竟其全功,没有百分之百完成志向,也应该已经对社会形成了正面的影响。所以,不论最后是不是得以克竟全功,老祖宗鼓励我们"取法于上"。❶❺

像春秋战国时代的孔老夫子和墨子,前者推动儒家思想,后者推动墨家思想,都希望自己的主张遍行于天下,虽然他们都没有达到终极目标,但是两家思想在当时都成为显学,已足以让孔老夫子和墨子青史留名,成为创立学派的一代宗师。孔老夫子更在汉武帝独尊儒术后独领风骚,成为中国人最尊崇的万世师表至圣先师。❶❻

❶❷ 大学之道,在明明德,在亲民,在止于至善。《大学·经一章》

❶❸ 诗曰:"战战兢兢,如临深渊,如履薄冰。"非徒慎也,将以求涉济也。《潜书·上篇上·敬修》

❶❹ 吾闻之:习心太约者,不可以致远,习身太谨者,不可以犯难。有言行如曾子而涉济不如孟贲者,其去圣人之敬也远矣。《潜书·上篇上·敬修》

❶❺ 取法于上,仅得为中,取法于中,故为其下。《帝范·卷四》

❶❻ 孔丘、墨翟欲行大道于世而不成,既足以成显名矣。夫大义之不成,既有成矣已。《吕氏春秋·谕大》

《夏书》说:"天子的功德,广大不止,神奇无比,文武兼备。"所以务必追求事功;欲追求事功,则务必追求大事功。❼

做人,心要虚小,志向要广大,智慧要圆通,行为要方正,才能要多元,涉事要简少。志向广大,就能兼容万国,异中求同,让是非对错的不同面向同归于中间的一处;志向广大的人可以把任何事物都容纳在胸怀中。❽

志向立得大,只要努力去做,即使最后没有达到原先设定的高远目标,所取得的成就也一定相当可观。志向若是立得不够大,绝对无法成就伟大事功!

成就事功必经的三境界

清末民初的国学大师王国维在《人间词话》中借用晏殊《蝶恋花》、柳永《凤栖梧》和辛弃疾《青玉案》的字句,生动勾勒出任何人成就事功必经的三个境界:

> 古今之成大事业、大学问者,必经过三种之境界:"昨夜西风凋碧树。独上高楼,望尽天涯路。"此第一境也。"衣带渐宽终不悔,为伊消得人憔悴。"此第二境也。"众里寻他千百度,蓦然回首,那人却在,灯火阑珊处。"此第三境也。此等语皆非大词人不能道。然遽以此意解释诸词,恐为晏欧诸公所不许也。

所有成功过、曾站上顶峰的人,都经历过这三种境界:由死心塌地痛下决心,到无怨无悔孤独努力,再到突然醒悟原来如此。而所有想要成功、想爬上顶峰的人,也都要有面对这三种境界的考验和冲击的心理准备!

❶❼ 《夏书》曰:"天子之德广运,乃神,乃武乃文。"故务在事,事在大。《吕氏春秋·谕大》

❶❽ 老子曰:凡人之道,心欲小,志欲大,智欲圆,行欲方,能欲多,事欲少。……志欲大者,兼包万国,一齐殊俗,是非辐辏,中为之毂也。……志大者,无不怀也……《文子·微明》

循着经典的教诲向前行

没有人不想拥有成功的人生,但什么是成功?又要怎样追求成功?则是众说纷纭,没有一定的法则。追求成功的道路,并非"条条大路通罗马",成王败寇,天堂地狱,不同选择、不同做法,结局就大不相同!

道、神、圣、贤的经典不只告诉我们人应该追求成功,以便兼善天下,更教导我们:如何设定成功的目标?怎样以正确的心态追求成功?得到了成功要如何自处?不能成功又应如何自处?有福分的人,那少数的幸运儿,有机缘得到经典的指引,藉学习活用道、神、圣、贤心性智慧,能在选择的领域中闯出辉煌的局面,获得成功。

而多数盲目追求成功的人,却没有这样的幸运,他们不是走上一条不会成功的路,屡战屡败,就是踏向了似是而非的成功之路——只得到昙花一现的成功幻影,甚至因此付出身败业毁的代价!这些追求成功时选错了目标、用错了方法,最终悔恨不已的人,如果知道道、神、圣、贤的经典能够帮助他们成功,若能重头来过,绝对会有不同的选择!

经典阐述指引的迈向成功之路,不只是条正路,而且顺应人情,不与众人之志相违,所以循此而行,所追求的目标就容易达成,成功便不难到手!❶❾

而最美、最棒的是:这由走正路所得到的成功,是让我们能心安身安,子孝孙贤,安享成功果实的成功!

本书理出三千年道、神、圣、贤对人生重要议题的立场,作为当今世人迎接人生挑战的考古真题。每一题都会启发我们,帮助我们走向成功、达到成功!

因为追求成功的目的不在扩张私利、提升个人享受,而是要兼善天下,因此我们可以理直气壮地说:"我们应该追求成功!"更要有信心地说:"循着经典的教诲向前行,我们一定能够成功!"

❶⁹ 君子不拂人情、不逆众志,是以所谋易就,以有成功。《潜书·下篇上·善游》

第二篇·义兵无偃

国虽大，好战必亡。天下虽安，忘战必危。

以战止战，以其人之道还治其身，可以这么做吗？
战争是不得已才使用的手段，
若以仁为出发点，以义治国，
用战争制止战争是可以的。
日常生活中也一样，要做低眉菩萨或怒目金刚，
端视你所面对的是怎样的人而定。

兵，非常态事也！

战争中的手段与日常生活的行为不同，甚至正好相反。

作战时，能要装作不能，用要装作不用，往近处要装作往远处，往远处要装作往近处。以小利诱惑敌人，使他混乱再乘乱攻取。敌人实力坚强没有弱点就防备他，敌人强大就避开他，敌人忿怒求战就屈挠以等他懈怠，卑辞示弱使他骄傲，敌人安逸整休时要疲惫他，敌人亲爱团结就离间他。在敌人没想到的时候展开攻击，对准敌人没有防备的地方进攻。这些兵家打胜仗的道理，千变万化，必须灵活运用，没办法事先传授，《孙子兵法》统称其为"诡道"。❶

最早的用兵打仗，观念做法是这样的：

用兵作战，不攻打没有过错的城市，不杀害无罪的人民。杀害别人的父兄，夺取别人的财货，臣妾别人的子女，都是强盗的行为。❷

所以，用兵是为了除暴、止乱、禁止不义的行为。军队所到之处，农夫继续在田里耕作，商贾照常在市肆中做生意，士大夫仍在官府办公。用兵打仗全由于一人的用兵政策，所以用兵不需杀人，而天下人远近悦来。❸

相较于当今世人对用兵打仗所持的观念，还真是大不相同！

兵，其类有别，不祥之凶事

兴兵作战，看来都是一样，却各有不同的目的，也得到不同的名称。

老子在与文子计然对谈时，把用兵分为五种：一、诛暴救弱的义兵；二、敌人来攻不得已而用之的应兵；三、为小事意气相争出口气的忿兵；四、贪图

【典籍出处】

❶ 兵者，诡道也。故能而示之不能，用而示之不用，近而示之远，远而示之近。利而诱之，乱而取之，实而备之，强而避之，怒而挠之，卑而骄之，佚而劳之，亲而离之。攻其不备，出其不意。此兵家之胜，不可先传也。《孙子兵法·始计第一》

❷ 凡兵不攻无过之城，不杀无罪之人。夫杀人之父兄，利人之财货，臣妾人之子女，此皆盗也。《尉缭子·武议第八》

❸ 故兵者所以诛乱禁不义也。兵之所加者，农不离其田业，贾不离其肆宅，士大夫不离其官府，由其武议在于一人，故兵不血刃，而天下亲焉。《尉缭子·武议第八》

土地、夺人财货的贪兵，以及五、仗恃国家土地广大、人口众多，要敌国臣服的骄兵。❹

分类的内涵虽稍有不同，吴起也把兴兵作战分为五种：一、禁暴救乱的义兵；二、恃众以伐的强兵；三、因怒兴师的刚兵；四、弃礼贪利的暴兵；以及五、国乱、人疲、举事动众的逆兵。❺

可见，军队可以为不同的目的而使用，而由老子和吴起的说明看，不同目的内涵的用兵，还会带来迥然不同的结果。

用兵在中国历史上一向被视为不祥的凶事，这在被视为中国兵学理论起源的《道德经》中就讲得非常清楚。

以道辅佐国君治国的人，不会用武力雄霸天下。因为战争往往是有报应的。军队所到之处会成为废墟，荆棘杂草丛生；战争之后，农耕破坏，一定会有饥荒凶年随之而来。❻

善于以道辅佐国君治国的人，自会得到为国为民的成果，而不敢以武力争强。他们有了成果，却不自以为了不起，不自夸功劳，不会因此骄恣，即使使用武力也是不得已而为之，所以不会视此成果为强大。武力强大很快会让国家衰败，因为好强是不合自然之道的，不合自然之道者，很快就会衰亡。❼

精锐的兵器和军队都是不祥之物，万物似乎都厌恶它，所以有道之士都不依靠它。君子日常生活中以左为尊，但用兵时却以右为尊。兵器和军队都是不祥的东西，这原不是君子想用的，不得已而使用，也要辅以恬淡无欲的心情。❽

战胜了，也不以为美好；若以战胜为美好，就是喜好杀人。喜好杀人的人，是不可能完成平治天下大志的。吉庆的事以左为尊贵，丧葬凶事以右为尊贵；军队中，偏将军居左，上将军居右，即是以丧礼看待军事。杀人众多的战争，应以悲凄的心情为它哀伤，战胜也要以丧礼的态度对待。❾

吴起呼应老子的说法，认为战胜敌人容易，保有胜果难。所以，天下作战的各国，战胜五次的，必有灾祸来临；战胜四次的，必是疲惫不堪；战胜三次的，可以称霸；

❹ 用兵有五：有义兵，有应兵，有忿兵，有贪兵，有骄兵。诛暴救弱谓之义，敌来加己不得已而用之谓之应，争小故不胜其心谓之忿，利人土地，欲人财货谓之贪，恃其国家之大，矜其人民之众，欲见贤于敌国者谓之骄。义兵王，应兵胜，忿兵败，贪兵死，骄兵灭，此天道也。《文子·道德》

❺ 吴子曰："凡兵之所起者有五：一曰争名，二曰利，三曰积恶，四曰内乱，五曰因饥。其名又有五：一曰义兵，二曰强兵，三曰刚兵，四曰暴兵，五曰逆兵。禁暴救乱曰义，恃众以伐曰强，因怒兴师曰刚，弃礼贪利曰暴，国乱人疲举事动众曰逆。五者之数各有其道：义必以礼服，强必以谦服，刚必以辞服，暴必以诈服，逆必以权服。"《吴子·图国第一》

❻ 以道佐人主者，不以兵强天下。其事好还。师之所处，荆棘生焉。大军之后，必有凶年。《道德经·第三十章》

❼ 善者果而已，不敢以取强。果而勿矜，果而勿伐，果而勿骄，果而不得已，果而勿强。物壮则老，是谓不道，不道早已。《道德经·第三十章》

❽ 夫佳兵者，不祥之器，物或恶之，故有道者不处。君子居则贵左，用兵则贵右。兵者不祥之器，非君子之器，不得已而用之，恬淡为上。《道德经·第三十一章》

❾ 胜而不美，而美之者，是乐杀人。夫乐杀人者，不可得志于天下矣。吉事尚左，凶事尚右。偏将军居左，上将军居右，言以丧礼处之。杀人众多，以悲哀泣之，战胜则以丧礼处之。《道德经·第三十一章》

战胜两次的，可以称王；反而是不得已用兵，只战胜了一次的，却可以称帝。所以，屡战屡胜而能得天下的少之又少，因此而亡国的却多不可数！❿

打仗真是凶事！即使百战百胜，仗打多了，也会灾祸临头！所以切记：要少打仗！

越俎代庖反伤己

对身涉兵事的人，道、神、圣、贤更是耳提面命，给了许多警惕告诫。

真正永恒地掌有司杀大权者，像是老天爷，才能杀人。越俎代庖去杀人的人，就像替大匠砍东西一样，而替大匠砍东西的人，很少有人能躲过灾祸，不伤到自己的手！⓫

司杀是老天爷的权力，领兵的将帅代天杀人，岂有不伤到自己手脚的？岂有不为自己带来灾祸的？领兵将帅不能不懂得这个道理！

同样的道理，《史记》讲"夫为将三世者必败"，王翦、王贲、王离三世为秦将，杀伐既多，后代因此有不祥的结果。

秦末，"秦失其鹿，天下逐之"的时代，秦国用王翦的孙子王离率兵击赵，把赵王和张耳包围在巨鹿城。有人预测："王离是秦国名将，率领强大的秦兵攻打新起的赵国，一定成功！"另有人却说："不然。三代都领兵为将的一定会吃败仗。为什么呢？因为在战场攻伐杀人多了，后代不祥，而至今王离已经是第三代为将了。"结果，王离果然战败被俘。⓬

相反的例子是东汉的耿弇。

《后汉书》记载耿弇辅佐汉光武中兴汉室，用兵重谋，战功显著，取四十六郡、三百余城，却能安享功名，何尝不是因为他深知"三世为将，道家所忌"的道理，在克拔全齐之后就不再征战，因此可以免除灾祸！⓭

❿ 然战胜易，守胜难。故曰，天下战国，五胜者祸，四胜者弊，三胜者霸，二胜者王，一胜者帝。是以数胜得天下者稀，以亡者众。《吴子·图国第一》

⓫ 常有司杀者，杀。夫代司杀者杀，是谓代大匠斫，夫代大匠斫者，希有不伤其手矣。《道德经·第七十四章》

⓬ 秦二世之时，王翦及其子贲皆已死，而又灭蒙氏。陈胜之反秦，秦使王翦之孙王离击赵，围赵王及张耳巨鹿城。或曰："王离，秦之名将也。今将强秦之兵，攻新造之赵，举之必矣。"客曰："不然。夫为将三世者必败。必败者何也？必其所杀伐多矣，其后受其不祥。今王离已三世将矣。"居无何，项羽救赵，击秦军，果虏王离，王离军遂降诸侯。《史记·白起王翦列传》

⓭ 论曰：淮阴延论项王，审料成势，则知高祖之庙胜矣。耿弇决策河北，定计南阳，亦见光武之业成矣。然弇自克拔全齐，而无复尺寸功。夫岂不怀？将时之度数，不足以相容乎？三世为将，道家所忌，而耿氏累叶以功名自终。将其用兵欲以杀止杀乎？何其独能隆也！《后汉书·耿弇列传》

好战必亡，忘战必危

战争是不得已而为之的手段。不可以因为国家土地广大、人口众多，就尽出精锐之师进行征伐；战争不休，国家最后一定会败亡，到时将悔恨莫及。军队就像火，如果不把兵器收藏，这把火终会烧到自己；黩武穷兵，灾祸马上就会降临。所以兵法说：国虽大，好战必亡。❶❹

平安的时候不忘可能的危险，太平的时候不忘可能的动乱，这是圣人常深深劝诫的。天下虽然无事，不可以荒废军队武力，担心的是一旦有事，没有能力防备抵御。必须内修文德，外严武备，怀柔远人，防备意料之外的事。一年四季定时四时讲武之礼，是用来表示国家没有忘掉作战。不忘战，就是要教导人民不放弃学习兵事。所以兵法说：天下虽安，忘战必危。❶❺

家中如果没有家长的鞭责，僮仆稚童就会立刻犯下各种过错；国家没有刑罚，老百姓忤逆互相侵犯的事马上就会出现；天下没有天子的征诛讨伐，诸侯间相互侵犯的事就会立刻发生。所以家中的鞭责不可无，国家的刑罚不可无，天下的征诛讨伐也不可无；只是在使用武力发动战争这件事上，有高明和笨拙的分别而已。❶❻

让我们牢牢记住：正是因为上述理由，所以古代的圣王主张义兵——正义的战争——却从来没有说过要解甲卸兵、废止战争！❶❼

以战止战须师出有名

《武经七书》之一的《尉缭子》对兵者有相当中肯的说明。

兵器军队是凶险的器具，战争是违逆道德的事。战争一事的存在，必有它

❹ 夫兵者,凶器也;战者,逆德也。实不获已而用之。不可以国之大、民之众,尽锐征伐。争战不止,终致败亡,悔无所追。然兵犹火也,弗戢,将有自焚之患;黩武穷兵,祸不旋踵。法曰:"国虽大,好战必亡。"《百战奇略·好战第九十九》

❺ 凡安不忘危,治不忘乱,圣人之深诫也。天下无事,不可废武,虑有弗庭,无以捍御。必须内修文德,外严武备,怀柔远人,戒不虞也。四时讲武之礼,所以示国不忘战。不忘战者,教民不离乎习兵也。法曰:"天下虽安,忘战必危。"《百战奇略·忘战第一百》

❻ 家无怒笞,则竖子婴儿之有过也立见;国无刑罚,则百姓之相侵也立见;天下无诛伐,则诸侯之相暴也立见。故怒笞不可偃于家,刑罚不可偃于国,诛伐不可偃于天下,有巧有拙而已矣。《吕氏春秋·荡兵》

❼ 故古之圣王有义兵而无有偃兵。《吕氏春秋·荡兵》

的根本，所以古代的国君用兵讨伐暴虐，是以仁义为出发点。当今的国家用兵，或为建立国威，或为抵抗侵略，或为互图吞并；正是为了吊民伐罪，救亡图存，所以还是不能废除军队和用兵啊！❶⓼

古代的国君，以仁施政，以义治国。当正常的手段行不通，就该使用权变的手段；中人的斡旋不成，只能使用战争的权变手段。所以杀了违法乱纪的人，使好人得到安全，杀人是可以的；攻打一个国家，拯救她的人民，攻伐是可以的；用战争制止战争，虽用战争，也是可以的。❶⓽

这就是几千年来中国人兴兵、攻伐、杀人的原则，也就是"义兵"的原则。

可叹的是，虽然古代用兵打仗是以保全人民为目的，不是以杀害人民为目的；但后代用兵打仗却都是为了杀害人民，而不是为了保全人民。❷⓿

奇的是，唐甄《潜书》于三百多年前的感叹，放在当下，竟完全贴切适用！古今中外兴兵打仗、发动战争，未必坚守中国经典和兵学所述的原则，而二次世界大战以后所爆发的区域性军事冲突，更是不符合中国经典和兵学的教诲。兴兵作战，若非义兵，则必定后患无穷！人类戒之！

常做低眉菩萨，偶为怒目金刚

"义兵无偃"的观念，可以类推运用到生活中的其他方面，帮助我们为许多相关问题找到答案。

在初学经典的过程中，常想到一个问题：对一切遇到的人，真的都要以"仁心""爱心"和"低眉菩萨"的态度面对吗？什么时候才可以用"怒目金刚"的方式处理呢？"义兵无偃"的观念让我们了解：与人相处，不可能完全没有怒目金刚，而全是低眉菩萨；而究竟要以低眉菩萨还是怒目金刚的态度应对他人，全由你所面对的是怎样的人来决定。

无心之错是过，有心之错是恶，积过成恶，仗恃为恶。面对一般人，甚至

❶❽ 兵者，凶器也。争者，逆德也。事必有本，故王者伐暴乱，本仁义焉。战国则以立威，抗敌，相图，不能废兵也。《尉缭子·兵令上第二十三》

❶❾ 古者，以仁为本、以义治之之谓正。正不获意，则权；权出于战，不出于中人。是故杀人安人，杀之可也；攻其国，爱其民，攻之可也；以战止战，虽战可也。《司马法·仁本第一》

❷⓿ 古之用兵者，皆以生民，非以杀民。后之用兵者，皆以杀民，非以生民。《潜书·下篇下·仁师》

那些有过的人，我们都可以、也应该做低眉菩萨；只有在遇上恶人时，且是要在给了他"回头是岸""放下屠刀，立地成佛"的机会后，却仍然执迷不悟，让我们别无他途才以怒目金刚的态度对待他。就像为了吊民伐罪，义兵不得不发，只有使用怒目金刚的霹雳手段了！㉑

西风东渐，许多人直觉上讨厌某些乍看之下最好废止的事，如死刑的判决和执行、中小学生的体罚或退学、当兵在大热天下出操、当兵作为国民的义务等等，都在缺乏长远周详的考虑下，而做出废止或倾向废止的决定。

如果多了解"义兵无偃"的意义，我们会醒悟：当今社会对这些事的讨论和决定真是太草率、太短视、太不合理、也太愚蠢了！

㉑ 元君曰：无心者谓之过，有心者谓之恶。过出于不自知，恶成于有所恃。所以有过，许其自新，忏悔之条自在。为恶降之冥罚，祸淫之律难宽。《九天玄姆治心消孽真经》

第三篇·王霸在遇

行王道或行霸道，端看所遇时机。

王道与霸道，哪个好？哪个有效？
太上王道，其次霸道，但成就王业与霸业，
须视社会发展状况而决定，非能强行。
王霸有其同异，并无绝对优劣，顺时应运才是正途，
能王当王，不能，则霸吧！

王先，霸次之，强又次之

"王道"的概念最早出自《尚书》：王道广大而不偏私，王道公平而不偏颇，王道正直而不反翻覆斜。❶

唐朝孔颖达对"王道"两字的解释是"王者所行之道"。只要是中国人，几乎都听过"王道"这个词；而一提到王道，大家都有无限的向往，接着又会拿它来和"霸道"相提并论，比较一番。一般人以为：王道是好的，霸道是不好的，却少有人真正了解王道和霸道的真正内涵！

政治有三种：王道的政治教化人民，霸道的政治威慑人民，强暴的政治胁迫人民。三种政治各有施行的方法和效果，而以教化最好。当教化不能使人民改变，才加以威慑；当威慑不能使人民改变，才施以胁迫；当胁迫不能使人民改变，才处以刑罚；到了要对人民处以刑罚，就是行王道者不得已的做法了。❷

所以圣明的国君以道德教化为先，以施行刑罚为后，定立荣誉和耻辱的标准，明确公布要预防禁止的事项；将崇尚礼义的节度昭示天下，看轻钱财以改变民心；管好身边的事，整顿内宫使之合乎礼仪，定好后妃的职分不使混乱。能够做到这样，天下人就没有不敬慕义礼赐予的光荣，并厌恶贪婪乱纪带来的耻辱。能够有这样的结果，全是道德教化之功！❸

王道难，自古仅三王

值得注意的是，中国几千年历史中，众所公认施行王道的，似乎只有夏禹、商汤和周文王、武王三朝开国领导者——古人的撰述中给予足以和三皇五帝相提并论的历史地位；后世其余的国君，包括春秋五霸和那些年代更晚、在历史

【典籍出处】

❶ 无偏无党，王道荡荡；无党无偏，王道平平；无反无侧，王道正直。《尚书·周书·洪范》

❷ 政有三品：王者之政化之，霸者之政威之，强者之政胁之，夫此三者各有所施，而化之为贵矣。夫化之不变而后威之，威之不变而后胁之，胁之不变而后刑之；夫至于刑者，则非王者之所得已也。《说苑·政理第七》

❸ 是以圣王先德教而后刑罚，立荣耻而明防禁；崇礼义之节以示之，贱货利之弊以变之；修近理内，政橛机之礼，壹妃匹之际，则莫不慕义礼之荣，而恶贪乱之耻。其所由致之者，化使然也。《说苑·政理第七》

上建立了太平盛世的国君，没有一个被认为施行了王道。❹

历史上只夏禹、商汤和周文王、武王成就了王业，推断原因可能如下：

第一，领导者可以选择教化人民，追求王道政治的实现，但只以教化一味，究竟能不能做到内政修明、四夷归来，却还要看客观环境而定。上古时代民风淳朴，之后，随着民智愈开，世风日下，人心不古，单以教化施行王道的国内环境已经一去不复返矣！

第二，欧洲工业革命以后，资本主义兴起，船坚炮利，中国失去了"世界环绕中国而转"的相对优势，抵御尚且力不从心，何来分庭抗礼、甚至引领风骚的实力？

道、神、圣、贤经典对"王"和"霸"的论述不少，虽然每种论述的时空不同，切入点不同，阐述的重点也不尽相同，还是可以让我们借之验证研究"王道难，只古代三王"的原委。

王霸之同

一、内政修明，邻国无道

成就霸业、王业有其时机。国内政治修明而邻国无道，就是成就霸业、王业的有利时机。❺

不是每个国家都够资格谈霸业、王业。内政不修的国家，自身难保；比邻富强的国家，国际舞台上自己只能当配角；他们都没资格称霸、当王。

只有具有相对优势的国家，国家实力雄厚，才能称之为成就霸业；能够进而兼正他国，则称之为成就王业。成就王业的国君，必有其独到的英明之处，他不攻取具有相同仁德的国家，也不兼并统治道义一致的国家。所谓争天下，是以武力推翻危乱残暴的其他国君，这是成就王业者常做的事。❻

❹ 孟子曰："五霸者，三王之罪人也；今之诸侯，五霸之罪人也；今之大夫，今之诸侯之罪人也。"《孟子·告子下》

是以泰山不让土壤，故能成其大；河海不择细流，故能就其深；王者不却众庶，故能明其德。是以地无四方，民无异国，四时充美，鬼神降福，此五帝三王之所以无敌也。李斯《谏逐客书》

❺ 君人者有道，霸王者有时。国修而邻国无道，霸王之资也。《管子·霸言第二十三》

❻ 夫丰国之谓霸，兼正之国之谓王。夫王者有所独明，德共者不取也，道同者不王也。夫争天下者，以威易危暴，王之常也。《管子·霸言第二十三》

二、布德施惠，争取人心

成就霸、王之业都要布德施惠；要争夺天下，必先争取人心。明白天下大略者，能得人心；只精于小计者，失去人心。❼

得到天下多数人拥护的，能成就王业；得到天下半数人拥护的，也能成就霸业。❽

三、多方胜出，以成其业

不论成就王业或霸业都不是容易的事。成就王业或霸业有其必要的形势：道德义理要胜过他人，智慧谋略要胜过他人，用兵作战要胜过他人，地理形貌要胜过他人，行动作为也要胜过他人；各个方面都要胜过别人才能够统治天下。❾

由小而霸，有其方法：善于治国者，借重大国的威严，依事势的发展使它变小；借重强国的权力，依事势的发展使它变弱；借重要国家的地位，依事势的发展使它变得不重要。❿

不论是要成就王业或霸业，可都是需要有几把刷子！

四、高举仁义大旗

孟老夫子对齐桓五霸不予好评，对王道则推崇论述甚多，拉大了王业、霸业的距离。他曾说：王道是以道德教化推行仁政，而霸道是藉仁义之名、以武力讨伐施压。⓫

要理解这段话，除了看教化手段与武力手段的不同外，也别忘了王者以仁政为目的，霸者至少也高举着仁义的旗帜。姑不论霸者的仁义是不是装出来的，至少在孟老夫子的眼中，霸者也还是讲仁说义的。

五、义立而王，信立而霸

国君可以选择的治国手段有三：以义治国、以信治国和以权谋（是私心的权谋而不是秉公的权谋）治国。建立了义可以王，建立了信可以霸，建立权谋

❼ 夫争天下者，必先争人。明大数者，得人，审小计者，失人。《管子·霸言第二十三》

❽ 得天下之众者王，得其半者霸。《管子·霸言第二十三》

❾ 霸王之形，德义胜之，智谋胜之，兵战胜之，地形胜之，动作胜之，故王之。《管子·霸言第二十三》

❿ 夫善用国者，因其大国之重，以其势小之；因强国之权，以其势弱之；因重国之形，以其势轻之。《管子·霸言第二十三》

⓫ 孟子曰："以力假仁者霸……以德行仁者王……"《孟子·公孙丑上》

就要灭亡，这三者是圣明的国君必须谨慎选择的，也是仁人务求明扬显白的。❷

"义立而王"的情形是：全国上下都取济于义，一朝便可显白于天下，汤武就是这样。汤在亳、武王在鄗，都是只有百里大小的地方，而最后能够统一天下，使诸侯臣服，人能到达的地方没有不归服的，原因无他，就是因为取济于义。❸

"信立而霸"的情形则是：德虽没到极致，义虽尚未成济，天下的理已经大略凑聚，刑赏已经昭信于天下，臣子都晓得国君言而有信。政令一旦公布，虽然看到对自己不利的结果，也不会更改以欺骗人民；盟约一旦订定，虽然看到对自己不利的结果，也不更改或欺骗签约的他国。如此，则军队强劲城墙巩固，敌国畏惧。国内齐一信守彰明，盟约国就给予信任；虽然是位处僻陋地方的国家，威名也会震动天下，春秋五霸就是如此。❹

春秋五霸有所成就不是因为政教好，不是因为极其崇高，不是因为极有文理，也不是因为服人之心，而是所向在于方略，审度劳佚，谨严蓄积，修具战备，上下都能互应相信，使天下没有敢于对抗的。所以齐桓公、晋文公、楚庄王、吴王阖闾、越王勾践，虽然都只是僻陋地方的国君，却威名震动天下，盛强威胁中原；这没有其他缘故，取信于人而已。❺

再一次，让我们别只看"义立而王，信立而霸"的相异之处，而应该看到"义"和"信"两者都是值得称颂的德行。由这个角度思考，王、霸是有相同之处的！

六、只要义兵，王霸都用

"成就王业的方式有几种？"文子问了老子这个问题，而老子的回答是："只有一种。"❻

文子追问："自古以来，有以道称王的，有以武力称王的，怎么说只有一种呢？"老子回答："以道称王的，讲的是德；以武力称王的，讲的也是德。"❼

出兵打仗有五种：义兵，应兵，忿兵，贪兵，骄兵。为诛暴救弱出兵称为

❶❷ 故用国者，义立而王，信立而霸，权谋立而亡；三者明主之所谨择也，仁人之所务白也。《荀子·王霸第十一》

❶❸ 故曰：以国齐义，一日而白，汤武是也。汤以亳，武王以鄗，皆百里之地也，天下为一，诸侯为臣，通达之属，莫不从服，无它故焉，以济义矣，是所谓义立而王也。《荀子·王霸第十一》

❶❹ 德虽未至也，义虽未济也，然而天下之理略奏矣，刑赏已诺信乎天下矣，臣下晓然皆知其可要也。政令已陈，虽覩利败，不欺其民；约结已定，虽覩利败，不欺其与。如是，则兵劲城固，敌国畏之；国一綦明，与国信之；虽僻陋之国，威动天下，五伯是也。《荀子·王霸第十一》

❶❺ 非本政教也，非致隆高也，非綦文理也，非服人之心也，乡方略，审劳佚，谨畜积，修战备，齺然上下相信，而天下莫之敢当。故齐桓、晋文、楚庄、吴阖闾、越勾践，是皆僻陋之国也，威动天下，强殆中国，无它故焉，略信也，是所谓信立而霸也。《荀子·王霸第十一》

❶❻ 文子问曰：王道有几？老子曰：一而已矣。《文子·道德》

❶❼ 文子曰：古有以道王者，有以兵王者，何其一也？曰：以道王者德也，以兵王者亦德也。《文子·道德》

义兵，敌人来攻、不得已而出兵称为应兵，为了小争执、争口气出兵称为忿兵，为了取人土地、夺人财货而出兵称为贪兵，仗恃国家幅员广、人口多、要给敌国好看而出兵称为骄兵。义兵可以称王，应兵能打胜仗，忿兵会吃败仗，贪兵会战死，骄兵会被消灭，这就是天道。❽

以老子的论述看，只要是义兵，只要是为德，都可以出兵，王霸没有不同。

王霸之异

一、王者之兵，必有本统

荀子曾和临武君在赵孝成王面前谈论用兵，对什么是用兵的要领，荀子的看法是：古代的用兵之道，攻战的根本在于齐一人民的心；善于亲附人民的，就是善于用兵的人。荀子所讲的就是仁者的用兵，王者的志向。❾

招延募选，看重势诈，崇尚功利，是诈欺的行为；礼义教化，是齐一人心作为之道，因此以诈遇诈，还有巧拙之分，不知谁能胜出？以诈遇齐，就像拿锥刀砍太山，绝无胜算，不是天下最笨的人是不敢尝试的。所以能完全齐一的军队便能平定天下，稍微齐一的军队能够打败邻敌；招延募选、看重势诈、崇尚功利的军队会不会打胜仗就没定数了。❷⓿

齐桓公、晋文公、楚庄王、吴王阖闾、越王勾践都是和齐之兵，可说是已经进入了王兵的领域；然而还不具备本统，所以只可以做到霸，还做不到王！❷①

二、王重德轻刑，霸刑德并重

治理国家有两种方式：使用刑罚和施行德政；行王道的人重视德政而少用刑罚，行霸道的人刑罚德政并用，要强国者先用刑罚后用德政。使用刑罚和施行德政，是实现教化的手段。施行德政可以培养善良弥补缺失，使用刑罚可以

❶❽ 用兵有五：有义兵，有应兵，有忿兵，有贪兵，有骄兵。诛暴救弱谓之义，敌来加己不得已而用之谓之应，争小故不胜其心谓之忿，利人土地、欲人财货谓之贪，恃其国家之大，矜其人民之众，欲见贤于敌国者谓之骄。义兵王，应兵胜，忿兵败，贪兵死，骄兵灭，此天道也。《文子·道德》

❶❾ 臣所闻古之道，凡用兵攻战之本，在乎壹民。……故善附民者，是乃善用兵者也。故兵要在乎善附民而已。……臣之所道，仁人之兵，王者之志也。《荀子·议兵第十五》

❷⓿ 故招近募选，隆埶诈，尚功利，是渐之也；礼义教化，是齐之也。故以诈遇诈，犹有巧拙焉；以诈遇齐，辟之犹以锥刀堕太山也，非天下之愚人莫敢试。……故兵大齐则制天下，小齐则治邻敌。若夫招近募选，隆埶诈，尚功利之兵，则胜不胜无常。《荀子·议兵第十五》

❷❶ 齐桓、晋文、楚庄、吴阖闾、越勾践是皆和齐之兵也，可谓入其域矣，然而未有本统也，故可以霸而不可以王，是强弱之效也。《荀子·议兵第十五》

惩戒凶恶禁止再犯。所以施行德政的最后手段是给予赏赐，使用刑罚的最后手段是加以杀戮。❷

赏赐和杀戮是用来区别贤和不肖、有功和无功的，所以杀戮和赏赐不能错乱，一错乱就善恶不分了。如果有功而不给赏赐，则做好事的人就得不到鼓励；有罪恶而不杀戮，则罪恶的人就不会畏惧。做好事的人得不到鼓励，有罪恶而不杀戮，而想感化天下，这是从来没有听说过的。《尚书》有云："用一切力量做好赏罚。"说的就是这个道理。❷

三、因应不同国际局势

除了内部的客观环境影响了刑、德的相对重要性，王、霸也是由于因应不同外部客观环境，也就是因应当今所谓国际局势所造成的结果。

强国多，便联合强国，攻取弱国，谋成霸业。强国少，便联合小国，进攻大国，谋成王业。❷

强国多而奢谈王业态势的，是愚人的见识。强国少而施行霸道的，是坏事的策略。圣明的国君察看天下大势，就知道动静的时机，察看先后次序的机宜，就知道祸福之门。强国多，先发兵举事的国家危险，后发兵举事的国家得利；强国少，先发兵举事的国家称王，后发兵举事的国家灭亡。参战的国家多，后发兵举事的国家可成就霸业；参战的国家少，先发兵举事的国家可成就王业。❷

了解了各种不同外部客观环境，也就是当今所谓的国际局势，和他们对成就王业、霸业的决定性影响，谁还能说：在任何时空环境下，一定非成就王业不可呢？

四、霸必大国，王不待大

王道和霸道的本质不同，所需要的条件也不一样。以力量称霸，国家不能不大；以德行称王，国家不必强大。

❷❷ 治国有二机，刑德是也；王者尚其德而希其刑，霸者刑德并凑，强国先其刑而后德。夫刑德者，化之所由兴也。德者，养善而进阙者也；刑者，惩恶而禁后者也。故德化之崇者至于赏，刑罚之甚者至于诛。《说苑·政理第七》

❷❸ 夫诛赏者，所以别贤不肖而列有功与无功也。故诛赏不可以缪，诛赏缪则善恶乱矣。夫有功而不赏，则善不劝，有过而不诛，则恶不惧。善不劝而能以行化乎天下者，未尝闻也。《书》曰："毕力赏罚。"此之谓也。《说苑·政理第七》

❷❹ 强国众，合强以攻弱，以图霸。强国少，合小以攻大，以图王。《管子·霸言第二十三》

❷❺ 强国众，而言王势者，愚人之智也。强国少，而施霸道者，败事之谋也。夫神圣视天下之形，知动静之时，视先后之称，知祸福之门。强国众，先举者危，后举者利。强国少，先举者王，后举者亡。战国众，后举可以霸。战国少，先举可以王。《管子·霸言第二十三》

用武力作为后盾，假借仁爱的名义进行侵略的人，便能称霸于诸侯；而想要称霸于诸侯，一定要先有强大的国家。用美德推行仁政的人，能完成王业，而要完成王业，不必等到强大。商汤只靠七十里、周文王只靠一百里的土地。以武力服人的，别人并不是甘心的归服，只因自己的力量不够；用美德服人的，则令人内心欢喜而真诚信服，就如孔子门下七十弟子信服孔子一样。因此《诗经》说："从东西南北四方来归的人民，没有不心服的。"❷

　　商汤和周文王都是以小地方起家而成就王业，就是王不必大的明证！

五、霸一时之权，王万世之利

　　王道讲求长远的好结果，霸道追求一时权宜的有利结果。王道追求千秋万世的好结果，只是有时候必须先权宜地解决当下的问题，才能有追求长远结果的可能。晋文公在城濮之战时分别向他的舅舅狐偃（字子犯）和儿子雍季询问破敌之计的故事，彰显了文公既知"一时之权"，在战场上用狐偃之计击败楚军，又知"万世之利"，在打胜封爵赏赐时先雍季后狐偃。❷

　　没有一时之权，哪来万世之利？文公之所以被孔老夫子赞许就是因为他兼顾了一时之权和万世之利：在战场上采用狐偃的兵不厌诈之策，以一时之权得到胜利；却在事后厚赏雍季，彰显对万世之利的重视。

六、霸可得国，王得天下

　　什么是王道所追求的最长远结果？那就是像三王一样地王天下！根据孟老夫子所言，要得天下，非行仁政不可，也就是非施行王道不可，倘若不行仁政，虽然能以武力称霸，但终究不能得到天下。❷

　　以力量使人臣服，可以在一段期间内让人——甚至是多数人——臣服于你，却难让所有人永远臣服。秦始皇消灭六国，一统天下，力量何等强大，却只是昙花一现，十五年而烟消云散，正是最好的明证。

　　只有施行王道，推行仁政，以德化人，才能让所有人永远臣服——这是得

❷⑥ 孟子曰："以力假仁者霸，霸必有大国；以德行仁者王，王不待大。汤以七十里，文王以百里。以力服人者，非心服也，力不赡也；以德服人者，中心悦而诚服也，如七十子之服孔子也。《诗》云：'自西自东，自南自北，无思不服。'此之谓也。"《孟子·公孙丑上》

❷⑦ 晋文公将与楚人战，召舅犯问之，……召雍季而问之，……以舅犯之谋与楚人战以败之。归而行爵，先雍季而后舅犯。群臣曰："城濮之事，舅犯谋也，夫用其言而后其身可乎？"文公曰："此非君所知也。夫舅犯言，一时之权也；雍季言，万世之利也。"仲尼闻之，曰："文公之霸也宜哉！既知一时之权，又知万世之利。"《韩非子·难一》

❷⑧ 孟子曰："不仁而得国者，有之矣；不仁而得天下者，未之有也。"《孟子·尽心下》

天下的唯一途径!

王霸适时，存于所遇

　　唐朝赵蕤写了一本《反经》（又名《长短经》），在自序中，对他为什么要撰写《反经》一书做说明时，就谈到了王、霸是不同时空环境下的作为。

　　制定一种方针政策治理国家，而当这种方针政策出现弊端时，一定会出乱子。一旦出了乱子，又该怎么救呢？统治天下，管理人民，很少听说有沿袭过去做法的。夏、商、周三代礼教不同，春秋五霸法令不同，这不是故意和过去相反，实在是要补救当时的弊端。所以国家的风貌虽然一样，治理的方法却一定不同。先圣哲人同样圣明，而每代帝王的名号却往往有别，这难道不是随时确定自己的管理方式，根据以往的经验教训而顺应客观环境，以便成就自己的功业吗？循此推之，社会风气的好坏由周遭环境决定；根据以往经验治理国家时，成就王道还是霸道也是由社会发展状况而决定的。❷❾

　　只能施行霸道手段时，却硬要施行王道手段，就和外在时空环境相违背了；只能施行强国手段时，却硬要施行霸道手段，同样是背离了外在时空环境！如果时逢天下大乱，人心诡诈，正道毁损，却还想遵从先王的传统，广泛地推行道德教化，就像是在等待熟悉水性的人来拯救溺水者，请求那些尊贵的大人来扑灭火灾一样；好是好，难道这符合所谓的"通于时变"吗？❸⓿

　　霸道是混杂的治理方式，黑白间杂，不是单纯地以道德为衡量的。它只求达到目的，不问手段；强调总体效果，不拘泥于细微末节。虽然仁义不及夏禹、商汤和周文王、武王，但是在扶颠定倾这点上，却跟三王是一样的！❸❶

㉙ 然作法于理，其弊必乱。若至于乱，将焉救之？是以御世理人，罕闻沿袭。三代不同礼，五霸不同法。非其相反，盖以救弊也。是故国容一致，而忠文之道必殊；圣哲同风，而皇王之名或异。岂非随时投教沿乎此，因物成务牵乎彼？沿乎此者，醇薄继于所遭；牵乎彼者，王霸存于所遇。《反经·原序》

㉚ 由此观之，当霸者之朝而行王者之化，则悖矣。当强国之世而行霸者之威，则乖矣。若时逢狙诈，正道陵夷，欲宪章先土，广陈德化，是犹待越客以拯溺，白大人以救火。善则善矣，岂所谓通于时变欤？《反经·原序》

㉛ 夫霸者，驳道也。盖白黑杂合，不纯用德焉。期于有成，不问所以；论于大体，不守小节。虽称仁引义不及三王，扶颠定倾，其归一揆。《反经·原序》

能王当王，不能则霸

赵蕤在他的年代，担心一般的儒生受学识所限，不懂得王道和霸道的区别，所以阐明长短术，以经典的内容说明通权达变的道理，写下不同题目总计六十三篇的文章，合成十卷，书名称为《反经》，旨在探究如何巩固统治的根基，革除当时的弊端，复兴衰亡，整治动乱。❸²

"太上王道，其次霸道"，王道是中国人所向往最完美的政治手段，如果可能做到，当然值得一试。而有点受到污名化的霸道，由本篇所摘录道、神、圣、贤的相关论述来看，其实与王道相去不远，不同之处其实多来自客观环境。

顺时应运，能王当王，不能，则霸吧！

❷ 恐儒者溺于所闻,不知王霸殊略,故叙以长短术,以经论通变者,并立题目总六十有三篇,合为十卷,名曰《反经》。大旨在乎宁固根蒂,革易时弊,兴亡治乱。《反经·原序》

第四篇·为学知兵

用兵之道，其实就是人生之道。

要诈用计，该不该学？要不要学？
为学不可以不知兵，诡道兵学，该用要学，
兵学内涵的每一部分都能应用在人生的旅途中，
手段上"兵以诈立"，心境上"兵以仁立"，
在生活中、职场上当然可以使用诡计诈术！

诡道该用，兵学要懂！

本书第二篇《义兵无偃》讲的是：由国家社会整体来看，虽然兵者凶事也，但是国家不能没有训练有素、保国卫民、捍卫正义的军队；同理，有些事和用兵作战一样，看似凶险、麻烦、恼人，但是为了崇高的目标，不能不有备无患。

这一篇则由个人的角度，为下列两个问题在道、神、圣、贤经典中找到答案：

第一，兵者，诡道也，用兵打仗当然要要诈用计。那活在21世纪当下的我们，该不该、可不可以在生活中、在职场上使用诡计诈术？❶

答案是肯定的：只要符合经典为诡道所设的条件，我们可以，甚至应该在生活中、职场上使用诡计诈术。

第二，21世纪，虽然区域性战争在全球各地从未停止，但是越来越多的国家已采用募兵制，用兵之事成为大多数人接触不到、甚至于漠不关心的事；兵学该这样被抛诸脑后、束之高阁吗？

答案是否定的：当今兵学被抛诸脑后、束之高阁，是上位者已经抛弃了我们人民啊！

兵学之事，经典必谈

兵学在中国历史上向来受到重视，其相关论述在传世经典中据有一席之地，除了在世界上享有盛名的《孙子兵法》（英译 *The Art of War*），还有许多其他兵学经典。宋朝人把之前七部有名的兵学著作《六韬》《三略》《司马法》《孙子》《吴子》《尉缭子》和《唐太宗李卫公论对》合称为《武经七书》，

【典籍出处】

❶ 兵者,诡道也。《孙子兵法·始计第一》

这七本巨著虽然都是广义的兵法，但切入重点各有不同，各有所长，合之而成一个完整的兵学宝库。

《武经七书》之后，又有后人论述兵学，著成专书，像是诸葛亮的《将苑》和《便宜十六策》、刘基的《百战奇略》、揭暄的《兵经百言》等等，但后世的兵书，多是对前人兵学的诠释和补充，已经难有在《武经七书》内涵之外的创新论述了！

兵学专著之外，其他各家的经典，除了《道德经》堪称中国兵学思想的重要起源外，也都对用兵的哲学、逻辑做了各个层面的阐述发挥，像是《荀子·议兵篇第十五》《管子·兵法第十七》《潜夫论·劝将第二十一》《吕氏春秋·荡兵》《吕氏春秋·振乱》等等，都是信手拈来的例子。道、神、圣、贤经典多谈国家社稷大事，兵学之事自然不容缺席，成为必谈之事。

辅佐王业的利器

枪杆子出政权。古今中外没有一个政府可以无武力还能维持政权的，中美洲的哥斯达黎加号称没有军队，但仍然有警察武力。

明白事物自然规律的可以为皇，审察天道循环的可以为帝，通晓施行德政的可以为王。以谋略用兵作战得到胜利的能称霸，所以用兵打仗虽然不是完备的道和至高的德政，却可以用来辅佐王业或成就霸业。当今用兵的人则不是这样，不知道用兵之事是要权衡轻重得失的，所以，第一，他们起兵的那天，国内就已经贫穷了；第二，他们打的是没有必胜把握的仗；第三，即使打胜仗，自己也死伤惨重；第四，即使夺得土地，本身也元气大伤。这四种状况都是用兵的祸患，有这些危国害家的祸患，国家没有不灭亡的。❷

读《管子》所说用兵的四种祸患，拿当今世界强权发动的几场战争来验证，令人拍案叫绝，它们全被《管子》说中！强权赢得了战争，却因此拖垮自己！

❷ 明一者皇，察道者帝，通德者王，谋得兵胜者霸。故夫兵，虽非备道至德也，然而所以辅王成霸。今代之用兵者不然，不知兵权者也。故举兵之日，而境内贫，战不必胜，胜则多死，得地而国败。此四者，用兵之祸者也。四祸其国，而无不危矣。《管子·兵法第十七》

用兵作战是使用凶险工具的事,而争夺则是违背道德之举。战争之所以存在,必定有它的原因。所以古代的国君用兵讨伐暴乱,是本着仁爱行义的出发点;今之用兵则是为了建立国威,抵抗侵略,或是相互图谋吞并。为了吊民伐罪、为了救亡图存,不能废弃用兵作战。❸

用兵作战以武事做骨干,以文事为种子。武事是表、文事是里,能够审察文武之事、明了两者相互关系的,可以判断战争谁胜谁败。文事上要观察利害,明辨安危;武事上则需判断是要攻击还是防御敌人。❹

战略以仁立,战术以诈立

"兵以仁立"还是"兵以诈立"?荀子和临武君曾争辩过这个问题,而这个问题一吵就是两千多年。宋朝以来,很多人拿《武经七书》中的《司马法》和《孙子兵法》相较,认为《司马法》是正,《孙子兵法》是奇,因此《孙子兵法》不如《司马法》。真是这样吗?

春秋时代,晋、楚两国间爆发了有名的城濮之战,相关的故事恰恰对这个两千多年的老问题提供了答案。

城濮之战开打前,晋文公问他的舅舅狐偃(字子犯):"我军要和楚军开战了,彼众我寡,要怎么打?"狐偃说:"我听说'繁礼君子,不厌忠信;战阵之间,不厌诈伪',大王只有一个选择,就是使用诈术欺敌。"❺

文公又以同样的问题问他的儿子雍季,也就是公子雍,雍季回答:"烧了树木开辟成田地,捕捉过多的野兽,日后必定就没有野兽;以诈术对待人民,能够偷得到一时的好处,却一定不会有下一次。"文公表扬雍季,认为他说得好;但战争开打后,采用的却是狐偃的诈术之谋,打败了楚人。❻

战胜回国后论功行赏,文公把雍季排在狐偃之前。群臣不解,都说:"城濮之战打胜,靠的是狐偃的计谋,用了他的建言,怎么行赏时却把他排在雍季

❸ 兵者，凶器也。争者，逆德也。事必有本，故王者伐暴乱，本仁义焉。战国则以立威，抗敌，相图，不能废兵也。《尉缭子·兵令上第二十三》

❹ 兵者以武为植，以文为种。武为表，文为里。能审此二者，知胜败矣。文所以视利害，辨安危；武所以犯强敌，力攻守也。《尉缭子·兵令上第二十三》

❺ 晋文公将与楚人战，召舅犯问之，曰："吾将与楚人战，彼众我寡，为之奈何？"舅犯对曰："臣闻之，繁礼君子，不厌忠信；战阵之间，不厌诈伪，君其诈之而已矣。"《韩非子·难一》

❻ 文公辞舅犯，因召雍季而问之，曰："我将与楚人战，彼众我寡，为之奈何"？雍季对曰："焚林而田，偷取多兽，后必无兽；以诈遇民，偷取一时，后必无复"。文公曰："善。"辞雍季，以舅犯之谋与楚人战以败之。《韩非子·难一》

之后呢？"文公说："这，你们就不懂了。狐偃的话只是一时之权，雍季的话才是万世之利。"孔老夫子听到这样的事，大为感慨："文公成就了霸业，真是理所当然！他是既知一时之权，又知万世之利！" ❼

尽管《韩非子》的作者韩非并不认同孔老夫子的看法，在接下来的一段文字中对文公的决定提出质疑，但以上的叙述让我们看到文公在"兵以仁立"和"兵以诈立"间所做的选择与平衡：为了一时之权，就战术来讲，兵以诈立，所以文公采用狐偃建议的诈术，在战场上击败了楚军；为了万世之利，就战略来讲，兵以仁立，所以文公战后论赏时，把雍季排在狐偃之前，公开昭示义兵的重要。

文公在"兵以仁立"和"兵以诈立"间取得了巧妙平衡，春秋五霸，实至名归！

禁暴除害，不为争夺

荀子的学生陈嚣请教荀子："先生议兵论事，常以仁义作为兵事的根本；仁者爱人，义者依循义理，那又为什么要用兵打仗呢？凡是用兵打仗，不就是为了争夺吗？" ❽

荀子答说："这，就是你所不知道的！仁者爱人，正因为爱人，所以厌恶有人伤害他人；义者依循道理，正因为循理，所以厌恶有人作乱。用兵作战是为了禁暴除害，不是为了争夺啊！" ❾

凡是兼并他人的方法，不外三种：用德兼并，用武力兼并，以及用财富兼并。❿

以德兼并他人者，可以成就王业；以武力兼并他人者，自己的力量会被削弱；而以财富兼并他人者，自己会变贫穷，这道理古今都一样。⓫

有智慧的圣王，因此只以武力禁暴除害，却不用以争夺土地、财货，兼并他人；若要兼并他人，一定用德！

❼ 归而行爵，先雍季而后舅犯。群臣曰："城濮之事，舅犯谋也，夫用其言而后其身可乎？"文公曰："此非君所知也。夫舅犯言，一时之权也；雍季言，万世之利也。"仲尼闻之，曰："文公之霸也宜哉！既知一时之权，又知万世之利。"《韩非子·难一》

❽ 陈嚣问荀卿曰："先生议兵，常以仁义为本。仁者爱人，义者循理，然则又何以兵为？凡所为有兵者，为争夺也。"《荀子·议兵第十五》

❾ 孙卿子曰："非汝所知也！彼仁者爱人，爱人故恶人之害之也；义者循理，循理故恶人之乱之也。彼兵者所以禁暴除害也，非争夺也。"《荀子·议兵第十五》

❿ 凡兼人者有三术：有以德兼人者，有以力兼人者，有以富兼人者。《荀子·议兵第十五》

⓫ 故曰，以德兼人者王，以力兼人者弱，以富兼人者贫，古今一也。《荀子·议兵第十五》

凝聚整合才是重点

兼并他人容易，凝聚固守所兼并的却很难。齐国能并吞宋国，而不能凝聚整合，所以又被魏国夺走。燕国能兼并齐国，而不能凝聚整合，又被田单恢复齐国。韩国上党的地方，方圆数百里，城邑完全、府库富足，归趋于赵，但赵国不能凝聚整合，结果被秦国夺走。❶❷

所以，能兼并却不能凝聚整合，则必定会被别人夺走；不能兼并又不能凝聚整合自己既有的，则必定败亡。能凝聚整合的必能兼并；如果得到手的就能够凝聚整合，则没有谁强大到他兼并不了的！❶❸

古时的汤以薄起家，武王以滈起家，都只有百里的疆域，但能够一统天下，使诸侯称臣，没有别的原因，就是能凝聚整合。所以以礼凝聚士人，以良好的政治凝聚人民；礼修而士人信服，政平而人民安定；士服民安，这就称为最佳的凝聚整合。用它来守护，则牢固不破；用它来征伐，则力量强大；发号施令就被执行，禁止的事则没人敢做，成为王者的条件就都具备了。❶❹

现代商战中常有企业兼并其他企业。而不论企业的购并是恶意还是合意，购并的综效要能够实现，原先的目的要能达成，购并的规划与执行固然重要，但购并后组织单位与人员间的整合凝聚，才是决定企业购并成败更重要的核心工作。

《孙子兵法》告诉我们：在战场上，要把自敌军掳获的战车换上我方的旗帜，加入我军使用，还要善待投降的敌卒，使其为我所用，这就是战胜敌人使自己益发强大的道理。❶❺

商场如战场，兼并敌人后的凝聚整合带来的战争整体实质利益，和企业购并后产生的综效带来购并成本的回收，道理完全一样。

❶❷ 兼并易能也,唯坚凝之难焉。齐能并宋,而不能凝也,故魏夺之。燕能并齐,而不能凝也,故田单夺之。韩之上地,方数百里,完全富足而趋赵,赵不能凝也,故秦夺之。《荀子·议兵第十五》

❸ 故能并之,而不能凝,则必夺;不能并之,又不能凝其有,则必亡。能凝之,则必能并之矣。得之则凝,兼并无强。《荀子·议兵第十五》

❹ 古者汤以薄,武王以滈,皆百里之地也,天下为一,诸侯为臣,无他故焉,能凝之也。故凝士以礼,凝民以政;礼脩而士服,政平而民安;士服民安,夫是之谓大凝。以守则固,以征则强,令行禁止,王者之事毕矣。《荀子·议兵第十五》

❺ ……取敌之利者,货也。故车战,得车十乘已上,赏其先得者,而更其旌旗,车杂而乘之,卒善而养之,是谓胜敌而益强。《孙子兵法·作战第二》

全学：仁义兵缺一不可

老子的学生计然在他所著《文子》一书中有下面一段话：

凡人之道，心欲小，志欲大，智欲圆，行欲方，能欲多，事欲少。

什么是能欲多呢？首先就是要文武兼备，再来一动一静都合乎仪轨，做什么不做什么，周全适当。本领多的人，在计然眼中，没有任何事不能解决！❶❻

所谓文武兼备，讲的是马上横槊，马下作赋，正如《小窗幽记·集豪篇》中所言：

上马横槊，下马作赋，自是英雄本色；熟读《离骚》，痛饮浊酒，果然名士风流。

《潜书》对君子应该学习用兵之道，讲得最清楚明白了：
君子求学，不可以不知用兵的学问。❶❼

读书人常喜欢独善其身，天下太平时，认为只要学仁学义就够用了，不一定要有所谓的"全学"。全学就像只鼎，鼎有三只脚，学也有三只脚，分别是"仁""义""兵"。❶❽

一只脚折断了，另外两只脚不足以支撑，鼎就会翻倒。不懂用兵之学，则所学到的仁、义都没有用，国家也因此走上灭亡。用兵之事是国家的大事，也是君子应该急切看重的事。就如同野兽有角，常常会碰到而觉得麻烦，但等到有强大的野兽来袭而能免于祸患，靠的就是有角之利；身上有手，常常搓揉觉得麻烦，但等到强暴的敌人来攻击而能免于祸患，靠的就是有手之利；国家养

❶⁶ 能多者，文武备具，动静中仪，举错废置，曲得其宜也。……能多者，无不治也……《文子·微明》

❶⁷ 君子之为学也，不可以不知兵。《潜书·下篇下·全学》

❶⁸ 学者善独身。居平世，仁义足矣，而非全学也。全学犹鼎也，鼎有三足，学亦有之：仁一也，义一也，兵一也。《潜书·下篇下·全学》

军队,常常觉得芒刺在背,但是等到敌人前来攻打而能免于祸患,靠的就是军队平常的训练有素。❶⁹

"全学"的三只脚,一只叫"仁",一只叫"义",一只叫"兵"。《潜书》的作者唐甄就感慨明末清初的读书人只图学"仁"与学"义",却忽略了"兵",因此不仅个人不能做到全学,国家社会也不能保全!

当今之世,对学"财"、学"利"、学"名"、学"欲",人人趋之若鹜,"全学"的三只脚早都全被砍断,学"兵"、学"仁"与学"义",都难找到了!国家危矣!国人戒之!

全方位的动员整合

只拿着鼓槌击着战鼓,与敌军交兵厮杀,居然就能以武事成就功业,尉缭子认为这部分不是难事;那难的又是什么呢?❷⁰

古人说:"没有蒙皮冲车去攻击,没有陷阱拒马来防御,是谓没有长处的军队。"看不见新事物,听不到新传闻,那是因为国家没有聚天下人、集散天下货的交易市场。市场是什么?是主管百货、评估物价、以有易无的交易场所,货物便宜就买进,昂贵就卖出,调节人民的消费。人月食粟米一斗,马月食豆菽三斗,吃不够,人就面有饥色,马就日渐消瘦,怎么会这样呢?市场里有的是粟米豆菽,是军中主司者拿去用了啊!❷¹

即使是提调了天下最有节制的军队,若不知道设置交易百货的采购官吏,就称不上是会打仗的人——这是全方位作战中,比交兵厮杀更难的部分!❷²

由此可知,作战不光是战场上的两军厮杀,更是双方所有有形、无形资源的总动员和总整合,兵学也是无所不包的知识学问!

❶⁹ 一足折，则二足不支，而鼎因以倾矣。不知兵，则仁义无用，而国因以亡矣。夫兵者，国之大事，君子之急务也。兽之有角，不时触也；噬及无患，以角便也。身之有手，不时抚也；暴至无患，以手便也。国之有兵，不时刺也；敌至无患，以兵习也。《潜书·下篇下·全学》

❷⁰ 夫提鼓挥枹，接兵角刃，居以武事成功者，臣以为非难也。《尉缭子·武议第八》

❷¹ 古人曰："无蒙冲而攻，无渠答而守。是谓无善之军。"视无见，听无闻，由国无市也。夫市也者，百货之官也，市贱卖贵，以限士人。人食粟一斗，马食菽三斗，人有饥色，马有瘠形，何也？市有所出，而官无主也。《尉缭子·武议第八》

❷² 夫提天下之节制，而无百货之官，无谓其能战也。《尉缭子·武议第八》

用兵之道，即人生之道

兵学涵盖的内容，由战场上与敌人厮杀的战术、到整体作战的战略、再到建立国家武力的军政，林林总总，包罗万象。这样无所不包的兵学，岂只能用在作战而已？

兵书读多了，经典读多了，我们会发现用兵之道，其实就是人生之道，兵学内涵的每一项、每一部分都可以应用在人生其他面向上，帮助我们成为一个更完美的人，可以下列数项为证。

一、士卒自动自发，任何领域适用

善于用兵的人，使士卒自动自发地去作战；不善用兵的人，强迫士卒执行自己要他们完成的任务。用士卒执行他们主动愿意完成的任务，则天下没有不能用的士卒；用士卒做自己要他们完成的任务，则天下没有任何士卒可用！❷❸

这个用兵之道，其实是放诸四海而皆准的用人之道，对任何人、任何职务、任何产业都一样适用。能运用这个原则的人，绝对是优秀的领导者，有一群自动自发、尽心尽力、认真负责、主动努力完成任务的部属同仁为他效力。

二、善附民，如同争取消费者认同

荀卿说："我所听闻古人的说法是这样的：凡是用兵作战的根本，在于和人民齐心。弓矢不调得精准，善射如后羿者也不能射中细小的标的；驾车的六匹马不能相和睦，善御如造父者也不能奔驰久远；士卒人民不亲近依附，商汤和周武王也都不能得到胜利。所以善于让人民亲近依附的人，是善于用兵作战的人；所以用兵作战的要领，在善于让人民亲近依附。"❷❹

㉓ 故善用兵者，用其自为用；不能用兵者，用其为己用。用其自为用，天下莫不可用；用其为己用，无一人之可用也。《文子·自然》

㉔ 孙卿子曰："不然！臣所闻古之道，凡用兵攻战之本，在乎壹民。弓矢不调，则羿不能以中微；六马不和，则造父不能以致远；士民不亲附，则汤武不能以必胜也。故善附民者，是乃善用兵者也。故兵要在乎善附民而已。"《荀子·议兵第十五》

现代社会中，善于让消费者亲近其产品的企业，是能在商场上打败竞争对手，得到最高市占率的龙头企业。善于让选民依附的候选人，是能在选举中超越竞争对手，以高票当选的政治明星。

兵学，岂只能用在作战而已？

三、将帅武德，值得学习

兵书中论述领军作战、克敌制胜的将帅所应具备的人格特质，统称"武德"。这些武德都是可以帮助我们在人生道路上做得更好、更成功的人格特质，值得每个人自兵书中学习。

对周武王所问："如何论将？"姜太公回答："将有五材、十过。"十过略去不谈，五材则是勇、智、仁、信、忠。勇是不可犯，智是不可乱，仁是爱人，信是不欺，忠是忠心耿耿、没有二心。❷⁵

吴起也曾论将，他认为一般人论将，只看勇不勇敢，却不知道勇敢只是为将的部分条件。勇敢的人，一定会轻率地和敌人交战，轻率交战又不知道利之所在，这是不可以的。所以为将者要慎重的有五件事：理、备、果、戒、约。理是条理，带领多数人如同带领少数人；备是小心，只要出门就如同见到敌人；果是果决，临敌不求生；戒是戒慎，已经打了胜仗还像刚开始打仗；约是简约，法令简要而不烦琐。❷⁶

见微知著，像以上所讲的多项武德内涵，兵书中讲述的多得是，每一项都可以作为我们提升自我内涵的指引。

四、成就功业的心性智慧

中国兵学揭橥的许多原则，对做人处世的成功都有关键性的启发，像是在本书接下来几篇所阐述的心性智慧：第五篇《奇正相生》、第六之三篇《避实击虚》、第七篇《以寡击众》、第八篇《不豫则废》、第九篇《待敌可胜》、第十篇《当机立断》、第十一篇《迂回至要》，都是能帮助一个人成就功业的

㉕ 太公曰："所谓五材者：勇、智、仁、信、忠也。勇则不可犯，智则不可乱，仁则爱人，信则不欺，忠则无二心。"《六韬·龙韬·论将》

㉖ 吴子曰："……凡人论将，常观于勇，勇之于将，乃数分之一尔。夫勇者，必轻合。轻合而不知利，未可也。故将之所慎者五：一曰理，二曰备，三曰果，四曰戒，五曰约。理者，治众如治寡；备者，出门如见敌；果者，临敌不怀生；戒者，虽克如始战；约者，法令省而不烦。……"《吴子·论将第四》

心性智慧。

兵学，岂只能用在作战之上而已？

不学兵，不知兵，危矣！

当今功利盛行的社会上，即使只为了保护自己，免受奸巧贼人之害，学得兵法中的诡道，在必要时派上用场，其实是蛮有用的！

学了兵法中的诡道，自己会不会变得贼贼的，也落入奸邪作恶的深渊呢？别担心！只要你兵学学得正、学得通，在战术上、手段上"兵以诈立"迎战对手时，你应该也还是一个在战略上、心境上"兵以仁立"的义兵之师。

学习兵学，使人文武全学，不只可以学到义兵之理、更能由兵学之中参悟人生之道，何乐不为？可惜的是：当今之世，当兵不再是每个男子光荣的国民义务，大多数人更早已忘却兵凶战危的威胁，军队只是一项职业，和任何其他赖以谋生糊口的职业没有不同。武德不再尊贵，武德也不存在，当然兵书也就被束之高阁，少有人读了！

孔老夫子认为：把没有受过军事训练的人民推上战场，就是弃那些无辜人民于不顾。❷

兵书所教，是兵凶战危，各种危机来临时，国家、社会、个人的生存之道、保全之术。人不学兵，人不知兵；在上位者也不鼓励人民学兵，不鼓励人民知兵；这是在上位者让人民身历险境，是在上位者弃人民于不顾啊！

㉗ 子曰:"以不教民战,是谓弃之。"《论语·子路篇》

第五篇·奇正相生

正中生奇，奇中生正。学好奇正，虚实自知！

面对人生挑战，该正？该奇？

正而无奇守也，奇而无正斗也，奇正相生才是周全。

更高明的是能因应外在环境的变化，

迅速由正转奇，由奇转正。

善用奇正，职场、学业、事业无往不利！

老摩根珍珠别针的算计

美国投资银行小摩（JP Morgan）的创办人老摩根（JP Morgan, Sr.）喜欢上等的珍珠饰物，他关照一位熟识的珠宝商，有好的珍珠饰物就为他留意。所以当珠宝商遇上一颗罕见的上好珍珠时，就用它为老摩根打造了一枚漂亮的围巾别针，附上在当时可算是天价的五千美元发票，把珍珠围巾别针给老摩根送了过去。

第二天，老摩根差人给珠宝商送来一个密封的盒子、一张便条和一张支票，便条上写着："我喜欢这枚别针，但不喜欢它的价钱。如果你接受所附的四千美元支票，请把盒子原样退回。" ❶

珠宝商很不高兴，他为达成老摩根的心愿大费心血，打造了这么一枚漂亮的珍珠围巾别针，老摩根竟然还要杀他的价，真是热面孔贴冷屁股，太不值得了！

撕掉那张四千美元的支票，也撕掉了盒子上的封条，珠宝商想把珍珠围巾别针拿出来。打开盒子，他却愣住了！盒里没有珍珠围巾别针，而是一张五千美元的支票！

熟读中国兵法者，读到这则故事，立刻可以认出老摩根用的正是：一手正兵，一手奇兵！

【典籍出处】

❶ I like the pin, but I don't like the price. If you will accept the enclosed check for $4,000, please send back the box with the seal unbroken. ——*The 48 Laws of Power*

什么是正？什么是奇？

正、奇之说，以《道德经》所述最为有名；老子所说的"以正治国，以奇用兵，以无事取天下"，是常被人挂在嘴上的一句话。❷

《尹文子》对它的诠释是这样的："正"与"政"通，所谓"正"或"政"，就是以名、法来治理国家，万物就不会混乱。所谓"奇"，就是权、术；以权、术用兵，万物都不能相抗衡。凡是能运用名、法、权、术，矫正抑止残暴的事情，那国君就可以做到无为而治；自己无为而治，就可以得到天下了。所以，国家失去治理，就要运用法律、法令，失去了法治，就要使用军队，这是要做到无为而治，而不是要恃强立威。如要恃强立威，反而会被持守柔弱者降伏。❸

中国兵学师承《道德经》甚多，对正、奇有更多的论述。

带兵打仗要做到四件事：管理人数众多的部队要像管理小部队一样，就得有良好的"编组"；指挥大部队作战像指挥小部队一样得心应手，就得运用"号令"；三军虽受敌人攻击却不会挫败，就要交互运用"奇正"；攻击敌人有如以石击卵，就得"以我之实攻敌之虚——以我的强处攻击敌人的弱点！❹

作战若没有施展计谋的空间，就得回到基本面，以"正兵"和敌人作战。所谓"正兵"，就是挑选精锐的士卒，使用有效的兵器军械，信赏必罚公正严明，号令让人信服，正面迎敌，一边作战一边向前推进，这样就可以得到胜利。"正战"是可长可久的打法，所以兵法说：不用正兵，怎能远征克敌？❺

而所谓"奇战"，则是攻其无备，出其不意，使出敌人料想不到、一时之间难以因应的打法。交战时惊前掩后、冲东击西，使敌人防不胜防，这样就可以得到胜利。所以兵法说：敌人如有弱点，一定要出奇招，攻其无备，出其不意。❻

❷ 以正治国，以奇用兵，以无事取天下。《道德经·第五十七章》

❸ 政者，名、法是也；以名、法治国，万物所不能乱。奇者，权、术是也；以权、术用兵，万物所不能敌。凡能用名、法、权、术，而矫抑残暴之情，则己无事焉；己无事，则得天下矣。故失治则任法，失法则任兵，以求无事，不以取强。取强，则柔者反能服之。《尹文子·大道下》

❹ 孙子曰：凡治众如治寡，分数是也。斗众如斗寡，形名是也。三军之众，可使必受敌而无败者，奇正是也。兵之所加，如以碫投卵者，虚实是也。《孙子兵法·兵势第五》

❺ 凡与敌战，若道路不能通，粮饷不能进，计谋不能诱，利害不能惑，须用正兵。正兵者，拣士卒，利器械，明赏罚，信号令，且战且前，则胜矣。法曰："非正兵，安能致远？"《百战奇略·正战第四十二》

❻ 凡战，所谓奇者，攻其无备，出其不意也。交战之际，惊前掩后，冲东击西，使敌莫知所备，如此则胜。法曰："敌虚，则我必为奇。"《百战奇略·奇战第四十一》

奇还有另一种意涵。"奇"的读音如"机",意思也一样。由言词上考究,古代的阵数有九,四为正,谓天、地、风、云四阵,四为奇,谓龙、虎、鸟、蛇四阵,其余剩下奇零之兵,将帅自己掌握以为中军,所以名之为"握机"。❼

"奇"是余零之数,因此读为"机"。用兵就是要运用机谋,而机谋在哪?就是要运筹帷幄,善用奇兵!正兵是国君所授予,十万、二十万之众的征伐之师;奇兵则可能是精锐的突击队,也可能是老弱残兵、小兵立大功,全凭将帅的掌握战场状况、发号施令,视将帅意志随机的运用发挥!❽

《六韬·龙韬》中有《奇兵》一章,记载姜太公对周武王所问"凡用兵之道,大要何如?"的回答,认为首要掌握当时突发的状况,列出了二十六项针对两军对阵不同状况的战术:由第一项所谓放任士卒在行列间乱走的,是想以变诈的方法来诱骗敌人,到第二十六项所谓深掘壕沟,高筑壁垒,多储粮食的,是想打持久战。❾

顾名思义,所列的二十六项作战方法应该都算奇兵。虽说奇兵是应机而生,但是在什么状况、什么时机该用什么奇招对应,不能只靠自己没头没尾、上穷碧落下黄泉地苦想,基本功还是该熟习兵法中罗列的各种奇兵招数,以充实自己的兵学数据库。

作战的奇兵之招要这样学,应对人生、学业、职场、事业各种问题的奇兵之招也得这样学——学习前人留传下来的经验和知识。

❼ 靖曰："奇音机，故或传为机，其义则一。考其词云：'四为正，四为奇，余奇为握机。'"《唐太宗李卫公问对·卷上》

❽ 奇，余零也，因此为机。臣愚谓兵无不是机，安在乎握而言也？当为余奇则是。夫正兵受之于君，奇兵将所自出者也。《唐太宗李卫公问对·卷上》

❾ 夫两陈之间，出甲陈兵，纵卒乱行者，所以为变也。深草蓊翳者，所以遁逃也。谿谷险阻者，所以止车御骑也。隘塞山林者，所以少击众也。坳泽窈冥者，所以匿其形也。清明无隐者，所以战勇力也。疾如流矢，击如发机者，所以破精微也。诡伏设奇，远张诳诱者，所以破军擒将也。四分五裂者，所以击圆破方也。因其惊骇者，所以一击十也。因其劳倦暮舍者，所以十击百也。奇技者，所以越深水、渡江河也。强弩长兵者，所以踰水战也。长关远候、暴疾谬遁者，所以降城服邑也。鼓行喧嚣者，所以行奇谋也。大风甚雨者，所以搏前擒后也。伪称敌使者，所以绝粮道也。谬号令，与敌同服者，所以备走北也。战必以义者，所以励众胜敌也。尊爵重赏者，所以劝用命也。严刑重罚者，所以进罢怠也。一喜一怒，一予一夺，一文一武，一徐一疾者，所以调和三军，制一臣下也。处高敞者，所以警守也。保险阻者，所以为固也。山林茂秽者，所以默往来也。深沟高垒，积粮多者，所以持久也。"《六韬·龙韬·奇兵》

何时该正？何时该奇？

正兵，奇兵，各要用在什么时候？作战时，以正兵迎敌，以奇兵取胜。正兵以正规的方法整然实施，自然立于不败；奇兵以非常的手段出敌意表，便能抓住敌人瞬间暴露弱点的机会而致胜！❿

出征必以正兵，唐太宗出征高丽就是一例。太宗时，高丽几次侵略新罗，并且拒绝接受唐朝的诏书，卫国公李靖向太宗请兵三万，出征以擒回高丽盖苏文。太宗问李靖："只有区区三万兵马往远地出征，要用什么办法？"李靖答："一定要用正兵。"太宗接着问，为什么过去平突厥时用奇兵，今天要定高丽却说要用正兵？李靖的回答，引了蜀汉诸葛亮七擒孟获的例子，认为诸葛亮能够七擒孟获让他臣服，用的就是正兵，出征高丽也是一样，非用正兵不能成功。⓫

字里行间没明白写出来的是：讨伐孟获和出征高丽都是以义举兵，堂堂正正之师，长途跋涉，自当先守住基本面，所以必以正兵出征。

奇正的关系

兵书常常把奇、正相提并论，互为比较，且让我们来看看。

一、正兵基本面，无正难有奇

如上所述，正、奇两者间，正是基本，必不可少；奇则靠掌握敌人败亡之机而动，必伺机而生，不能无中生有！

所以善于用兵的将领，训练部队，教正而不教奇，指挥军队作战时就像驱

❼ 靖曰:"奇音机,故或传为机,其义则一。考其词云:'四为正,四为奇,余奇为握机。'"《唐太宗李卫公问对·卷上》

❽ 奇,余零也,因此为机。臣愚谓兵无不是机,安在乎握而言也?当为余奇则是。夫正兵受之于君,奇兵将所自出者也。《唐太宗李卫公问对·卷上》

❾ 夫两陈之间,出甲陈兵,纵卒乱行者,所以为变也。深草蓊翳者,所以遁逃也。谿谷险阻者,所以止车御骑也。隘塞山林者,所以少击众也。坳泽窈冥者,所以匿其形也。清明无隐者,所以战勇力也。疾如流矢,击如发机者,所以破精微也。诡伏设奇,远张诳诱者,所以破军擒将也。四分五裂者,所以击圆破方也。因其惊骇者,所以一击十也。因其劳倦暮舍者,所以十击百也。奇技者,所以越深水、渡江河也。强弩长兵者,所以踰水战也。长关远候、暴疾谬遁者,所以降城服邑也。鼓行喧嚣者,所以行奇谋也。大风甚雨者,所以搏前擒后也。伪称敌使者,所以绝粮道也。谬号令,与敌同服者,所以备走北也。战必以义者,所以励众胜敌也。尊爵重赏者,所以劝用命也。严刑重罚者,所以进罢怠也。一喜一怒,一予一夺,一文一武,一徐一疾者,所以调和三军,制一臣下也。处高敞者,所以警守也。保险阻者,所以为固也。山林茂秽者,所以默往来也。深沟高垒,积粮多者,所以持久也。"《六韬·龙韬·奇兵》

何时该正？何时该奇？

正兵，奇兵，各要用在什么时候？作战时，以正兵迎敌，以奇兵取胜。正兵以正规的方法整然实施，自然立于不败；奇兵以非常的手段出敌意表，便能抓住敌人瞬间暴露弱点的机会而致胜！❿

出征必以正兵，唐太宗出征高丽就是一例。太宗时，高丽几次侵略新罗，并且拒绝接受唐朝的诏书，卫国公李靖向太宗请兵三万，出征以擒回高丽盖苏文。太宗问李靖："只有区区三万兵马往远地出征，要用什么办法？"李靖答："一定要用正兵。"太宗接着问，为什么过去平突厥时用奇兵，今天要定高丽却说要用正兵？李靖的回答，引了蜀汉诸葛亮七擒孟获的例子，认为诸葛亮能够七擒孟获让他臣服，用的就是正兵，出征高丽也是一样，非用正兵不能成功。⓫

字里行间没明白写出来的是：讨伐孟获和出征高丽都是以义举兵，堂堂正正之师，长途跋涉，自当先守住基本面，所以必以正兵出征。

奇正的关系

兵书常常把奇、正相提并论，互为比较，且让我们来看看。

一、正兵基本面，无正难有奇

如上所述，正、奇两者间，正是基本，必不可少；奇则靠掌握敌人败亡之机而动，必伺机而生，不能无中生有！

所以善于用兵的将领，训练部队，教正而不教奇，指挥军队作战时就像驱

❿ 凡战者，以正合，以奇胜。故善出奇者，无穷如天地，不竭如江河。《孙子兵法·兵势第五》

⓫ 太宗曰："兵少地遥，以何术临之？"靖曰："臣以正兵。"太宗曰："平突厥时，用奇兵，今言正兵，何也？"靖曰："诸葛亮七擒孟获，无他道也，正兵而已矣。"《唐太宗李卫公问对·卷上》

赶羊群，和他们同进同退，士卒是不知其所以然的。❿

　　教正而不教奇，是因为施展奇兵，端视掌握敌人败亡之机而动，没有一定的法则，所以无从教起！

二、正兵在敌动之前，奇兵在敌动之后

　　早下决心，先有定谋是很重要的。如果计谋不曾先有定夺，考量之事没有早做决定，前进后退就无法确定，疑惑之心一生，就注定要失败了。所以以正兵作战，贵在先于敌人进行攻击；以奇兵作战，则贵在后于敌人才进行攻击。如果有奇兵在前、正兵在后的例外情况，那是配合外在情势所做因敌制胜的改变。世代为将却不知道此一兵法要领的人，奉到命令就前进，仗恃勇敢就不讲谋略地抢先攻击，没有不失败的！⓭

三、正兵奇兵配置一定比例

　　面对敌人，面对挑战，随时准备正、奇之用。李靖曾提到，三国时代的曹操主张使用正、奇兵力和资源时可以预做如下的配置：当自己兵力是敌人兵力的一倍，可以分兵力的一半为正兵，另一半为奇兵。当自兵是五、敌兵是一，可以三为正兵，二为奇兵。但是奇正在战场上的变化无穷，上述正、奇兵力和资源的配置能精准分配，恐怕只在教阅场上才能做到，因此当作参考就好。⓮

　　为将者如果不熟悉战术战略，就不可以和他谈论与敌人作战的事；如果不能指挥调动部队分合进退，就不能和他谈论以奇兵制敌的事；如果不通晓整乱治哗的方法，就不能和他谈论奇谋诡计变化的事。⓯

　　迅速将配置为正兵、奇兵的部队分合进退，是奇兵变正兵、正兵变奇兵，奇正相生变化莫测的先决条件。

四、正兵战略，奇兵战术

　　国家的政令素为人民所遵守，在这种状况下，教人民出征，人民是心悦诚服的。正兵是国君所授予的，将帅领兵从事国家征伐的事，这种受之于君的兵，就是正兵，是军政之兵，是战略之兵。⓰

❶❷ 古人善用兵者，教正不教奇，驱众若驱群羊，与之进，与之退，不知所之也。《唐太宗李卫公问对·卷中》

❶❸ 夫蚤决先敌，若计不先定，虑不蚤决，则进退不定，疑生必败。故正兵贵先，奇兵贵后，或先或后，制敌者也。世将不知法者，专命而行，先击而勇，无不败者也。《尉缭子·勒卒令第十八》

❶❹ 靖曰："按曹公《新书》曰：'己二而敌一，则一术为正，一术为奇；己五而敌一，则三术为正，二术为奇。'此言大略耳。……是以，素分者，教阅也；临时制变者，不可胜穷也。"《唐太宗李卫公问对·卷上》

❶❺ 故曰：不知战攻之策，不可以语敌。不能分移，不可以语奇。不通治乱，不可以语变。《六韬·龙韬·奇兵》

❶❻ 法曰："令素行以教其民者，则民服。"此受之于君者也。
《唐太宗李卫公问对·卷上》

军事行动不能预先说明，将帅在战场上作战可以不接受国君传达的命令。奇兵的运用，是将帅依据战场状况而判断决定的，分合变通，完全听命于将帅，就是奇兵，是军令之兵，是战术之兵。❼

五、正兵一本，奇兵无尽

正兵只有一本，就是举正义之师，光天化日下堂堂正正攻击迎战。其他的，不论由侧翼攻击、背后攻击、包夹埋伏、夜袭、火攻、水淹，都是奇兵；甚至于带来胜利的退却，也可以称为奇兵。

唐太宗在霍邑打败宋老生的战役中，初交锋时，高祖和长子建成抵挡不住宋老生的攻击，往后退却，太宗亲率骑兵由南边冲击宋老生，将其兵马截为两段，因而活捉了宋老生。对太宗所问："这是正兵？还是奇兵？"李靖回答："讨伐出战宋老生是正，建成坠马，右军稍稍退却，则是奇兵。"❽

李靖认为兵以前向为正，后退为奇。霍邑之战，因为右翼退却，诱得宋老生挥军东进，让太宗能由南方断其兵马，正是由正兵转为奇兵！❾

不出所当出，出所不当出；不攻所当攻，攻所不当攻；不专主乎一军，正兵之外有兵，无兵之处皆兵：此为奇兵的三个要领。挖空心思想出奇兵者，循此三要领而想，奇兵不可胜数！❿

奇正相生，变化莫测

奇正的运用，不只在于会运用正兵、奇兵，更高明是能因应外在环境的变化，迅速由正转奇、由奇转正。李靖就曾评论：自己妻舅韩擒虎用兵已能掌握奇正的奥妙，可惜的是，他的奇兵就是奇兵，正兵就是正兵，还不能做到奇兵变正兵、正兵变奇兵，奇正循环无穷的境界。㉑

想想看，当正兵、奇兵能够相互转换，则在战场上所能产生的奇正变化组

❶❼ 又曰："兵不豫言，君命有所不受。"此将所自出者也。《唐太宗李卫公问对·卷上》

❶❽ 靖曰："……自黄帝以来，先正而后奇，先仁义而后权谲。且霍邑之战，师以义举者，正也；建成坠马，右军少却者，奇也。"《唐太宗李卫公问对·卷上》

❶❾ 靖曰："凡兵以前向为正，后却为奇。且右军不却，则老生安致之来哉？法曰：'利而诱之，乱而取之。'老生不知兵，恃勇急进，不意断后，见擒于陛下。此所谓以奇为正也。"《唐太宗李卫公问对·卷上》

❷⓿ 善用兵者，不出所当出，出所不当出。……善用兵者，不攻所当攻，攻所不当攻。……善用兵者，不专主乎一军，正兵之外有兵，无兵之处皆兵。……此三奇者，必胜之兵也；少可胜众，弱可胜强。《潜书·下篇下·五形》

❷❶ 太宗曰："卿舅韩擒虎尝言，卿可与论孙、吴，亦奇正之谓乎？"靖曰："擒虎安知奇正之极，但以奇为奇，以正为正耳！曾未知奇正相变，循环无穷者也。"《唐太宗李卫公问对·卷上》

合，真可多到数也数不清了！㉒

最厉害的奇正之变是：让敌人误以为我方的正兵是奇兵，让敌人误以为我方的奇兵是正兵。这就是孙子所说的"形人"——掌握主动或是写剧本让敌人照着演。而自己以奇为正，以正为奇，变化莫测，应该就是孙子所说的"无形"吧！㉓

这是奇正相生的最高境界：看似奇实为正，敌人误以为我出奇兵，我却以正兵攻之；看似正实为奇，敌人误以为我出正兵，我却以奇兵击之。这样就使得敌人错愕而忙于因应，弱点频现，而我方照着自家的剧本操作，以逸待劳，没有任何弱点！㉔

善于用兵的将领，会用正兵，也会用奇兵，而究竟用的是正兵还是奇兵，更让敌人猜不透。所以他们打仗，正兵也胜，奇兵也胜；所统领的士卒，只知道听从号令、分合进退、尽力取胜，却不知道致胜的谋略究竟是什么？为将者若不能把分合进退的变化融会贯通，哪能通晓奇正相生的奥妙呢？李靖认为，分合进退是怎样来的？为什么要分合进退？只有《孙子兵法》的作者孙武知道得最清楚，自吴起以后的兵家，没有人比得上孙武！㉕

为将帅者，只会用正兵却不会用奇兵，是守将；只会用奇兵却不会用正兵，是斗将。只有奇兵、正兵都使用得法的将帅才算周全，才是辅佐国家的栋梁。㉖

现代版的奇正之术

兵法中的道理运用在战场之外，奇正之术可能是最多、最广的，而且是奇正相生所有的内涵都应用得上。只举两例，便知此言不假。

例一：在商场上，经营企业的日常营运是正兵，购并其他企业是奇兵。平时以正兵经营企业，遇到市场突发的时机，则以奇兵购并手法出击，这是抓住机会扩张企业版图的常用手段，不能忽视。

㉒ 战势不过奇正，奇正之变，不可胜穷也。奇正相生，如环之无端，孰能穷之？《孙子兵法·兵势第五》

㉓ 太宗曰："吾之正，使敌视以为奇；吾之奇，使敌视以为正。斯所谓'形人'者欤？以奇为正，以正为奇，变化莫测。斯所谓'无形'者欤？"《唐太宗李卫公问对·卷上》

㉔ 太宗曰："以奇为正者，敌意其奇，则吾正击之；以正为奇者，敌意其正，则吾奇击之。使敌势常虚，我势常实。"《唐太宗李卫公问对·卷中》

㉕ 靖曰："善用兵者，无不正，无不奇，使敌莫测。故正亦胜，奇亦胜。三军之士，止知其胜，莫知其所以胜，非变而能通，安能至是哉？分合所出，惟孙武能之，吴起而下，莫可及焉。"《唐太宗李卫公问对·卷上》

㉖ 凡将，正而无奇，则守将也；奇而无正，则斗将也；奇正皆得，国之辅也。是故握奇、握机，本无二法，在学者兼通而已。《唐太宗李卫公问对·卷上》

但同时要顾到的是：必须先有正兵，已经有经营稳固的企业，否则奇兵所出无据，则购并之举必沦为财务游戏。毕竟正兵是本，企业日常营运是本，奇要看机，企业购并不是天天能有的；因此投入本业和购并的时间资源必定有其适当比例，可以兵法阐述的奇正兵力资源比例作为参考。

例二：男女交往到了论及婚嫁的阶段，近年流行男方想出奇招向女方求婚：有在高楼大厦外挂个大海报"××，嫁给我吧！"；有看电影看了一半，突然插入男方自行拍摄的求婚短片；有在公共场合突然跪下求婚，加上旁边一堆亲友团摇旗呐喊助阵帮腔的。这些奇兵，让女孩子感动得热泪盈眶，当场"我愿意！"

但别忘了，奇兵不能没有正兵而独存，婚姻的正兵——两人共同生活的条件和基础——绝对不可缺少。没有正兵，奇兵不能常胜！求婚花招的奇兵，在时机正好时可以赢得美人归，却也不是天天可用、时时能用的！

奇正是因应敌人虚实的手段；敌人实，抓不出任何弱点，则我必定中规中矩、四平八稳，以正兵和他作战；敌人虚，看到了他的弱点，则我必定施出奇策，以奇兵破他弱点而取胜。为将帅者若不懂得奇正，胸中没有各种奇招，即使知道了敌人的虚实，认出了敌人的弱点，又有什么用？李靖因此结论：奉太宗之命，教导众将兵法，他只要教他们奇正，众将学会了奇正，自然能分辨敌之虚实，能观察出敌人有什么弱点了。❷⓻

三十六计：六套奇计

学习奇正之术，除了领悟本篇所载的道理要领，更要多熟悉奇兵的招数。《六韬·龙韬·奇兵》所列的二十六项奇兵也许与古代战场关联太强，还需要转折衍生才能今用。中国人耳熟能详的，小说、电影、戏剧中常引用的"三十六计"，就更容易穿越时空、用在当今了！仔细看看，它们都是"奇计"，都是

㉗ 靖曰:"奇正者,所以致敌之虚实也。敌实则我必以正,敌虚则我必为奇。苟将不知奇正,则虽知敌虚实,安能致之哉?臣奉诏,但教诸将以奇正,然后虚实自知焉。"《唐太宗李卫公问对·卷中》

"奇兵"。我们可以将之分为六套：

第一套：胜战计

第一计：瞒天过海　第二计：围魏救赵

第三计：借刀杀人　第四计：以逸待劳

第五计：趁火打劫　第六计：声东击西

第二套：敌战计

第七计：无中生有　第八计：暗度陈仓

第九计：隔岸观火　第十计：笑里藏刀

第十一计：李代桃僵　第十二计：顺手牵羊

第三套：攻战计

第十三计：打草惊蛇　第十四计：借尸还魂

第十五计：调虎离山　第十六计：欲擒故纵

第十七计：抛砖引玉　第十八计：擒贼擒王

第四套：混战计

第十九计：釜底抽薪　第二十计：浑水摸鱼

第二十一计：金蝉脱壳　第二十二计：关门捉贼

第二十三计：远交近攻　第二十四计：假途伐虢

第五套：并战计

第二十五计：偷梁换柱　第二十六计：指桑骂槐

第二十七计：假痴不癫　第二十八计：上屋抽梯

第二十九计：树上开花　第三十计：反客为主

第六套：败战计

第三十一计：美人计　第三十二计：空城计

第三十三计：反间计　第三十四计：苦肉计

第三十五计：连环计　第三十六计：走为上

由三十六计的计名，几乎就可以揣摩出一个又一个必须以计谋因应的情境，也就是敌我虚实的状况。这样由因应的奇正手段，回推局势环境，正如李靖所言，当真不难！真是学好奇正，虚实自知！

奇攻不成，再复为正！

西方管理学中的"两门下注、双管齐下"（Double betting）或是"留下选择的空间"（Keep options open），讲的是在做决策时不要独押一门，而要押两门甚至多门，以便在局势丕变时可以另有作为。❷⁸

两门下注、双管齐下或是留下选择的空间，有一点奇正的味道，但是奇正比这两种观念复杂奥妙多了！

在本篇首段的故事中，老摩根使出奇兵，出其不意要求珠宝商降价，所图的是珠宝商接受那张四千美元的支票，退还密封的盒子，让老摩根以折价20%拿下珍珠围巾别针。在实际的发展中，珠宝商虽然撕掉了四千美元的支票，没有让老摩根的奇兵得逞，但是老摩根同时还有正兵在手，以藏在密封盒子中的另一张五千美元支票，完成了珍珠围巾别针的付款。

老摩根的做法就是"奇攻不成，再复为正"！就是咱中国兵法"奇正相生"的道理！

㉘ The fork in the road—Transition Risk and the Secret of Double-Betting. ——*The Upside*

第六篇之一 · 虚实难分

分辨真假可是一门特难的功夫，超大的学问！

假做真时真亦假，假去真来真胜假。
真假是相互造就的，没有假，就没有真。
真不怕假，假也取代不了真，
想分辨真假虚实，要有怎样的认知？
有相皆是虚妄，唯一的真，是道、是一。

真假难分，虚实难辨

前一篇论奇正，本篇要以三个子篇续谈经典对虚实几个不同涵义的说法：第一，真假虚实的虚实；第二，实腹虚心的虚实；第三，避实击虚的虚实。

一般以虚为假的代名词，实为真的代名词。真、假是很难分的。也许科学上有真、假，可以分得清楚；但略懂世故或是学佛修道的人都会认同真、假难分。而真真假假、亦真亦假、虚虚实实、亦虚亦实，有人就认为《石头记》——又名《红楼梦》——这本说道论佛的奇书，道破了真假的关联。

第一回中的偈言"假做真时真亦假"隐含了道家的修"真"，"无为有处有还无"讲的则是佛家的"空"。佛老之学融为一体，包含了两大家的法理，也应了佛家"凡所有相，皆是虚妄"的谶言。世人以假当真，以无当有，悲也！❶

而最后一回中的偈言"假去真来真胜假，无原有时有非无"，则又点明了：人看破假相后的境界才是真正的"真"；至此，虚假变真实，虚无变实有！❷

可怜！可叹！世上鲜少有人能分得出真假！分辨真假可是一门特难的功夫，超大的学问！世人难辨真假，所以才误判价值，对假的东西汲汲营营地追求！世上只有一件真的东西是为鬼神把握、受风雷呵护的；天地没它不能发育，圣人没它不能与天地调和互动；朽腐得了它可化为神奇，鸟兽得了它可成为精怪！世人要说、要学，其实都该说、该学这真正的宝贝！❸

唯一的真是道、是一

只是那宝贝、那唯一真的东西又是什么呢？应该指的是咱中国经典常常提到的

【典籍出处】

❶ 假做真时真亦假，无为有处有还无。《石头记·第一回》

❷ 假去真来真胜假，无原有时有非无。《石头记·第一百六十回》

❸ 能辨真假是一种大学问。世之所抵死奔走者，皆假也。万古惟有真之一字磨灭不了，盖藏不了。此鬼神之所把握，风雷之所呵护；天地无此不能发育，圣人无此不能参赞；朽腐得此可为神奇，鸟兽得此可为精怪。道也者，道此也；学也者，学此也。《呻吟语·问学》

"道",或是《道德经》所称由"道"所生,名之为"一"的东西。❹

"一"有什么神奇宝贵?《道德经》讲得清楚明白。

能得"一"的结果:天空得"一"而清虚,大地得"一"而安稳,神祇得"一"而显灵,江河得"一"而流水,万物得"一"而生长,王侯得"一"而天下归正。推而言之:天空若不清虚,恐怕就要裂开了;大地若不安稳,恐怕就要塌陷了;神祇若不显灵,恐怕就要消失了;江河若不流水,恐怕就要干枯了;万物若不生长,恐怕就要灭绝了;王侯不能使天下归正,恐怕就要扑倒不起了。❺

以上说尽了"一"的神奇宝贵,称为唯一的真,良有以也!

真假对应,相互成就

真、假是相对应的。没有真,就无所谓假,是真造就了假;没有假,就无所谓真,是假造就了真。

而在五代十国的后唐、后晋、后汉、后周四朝和契丹都做过官,在六个皇帝手下做过宰相、自号"长乐老"的冯道,著有《荣枯鉴》一书,谈论混乱世道下的生存之道,虽难纳入经典之列,但对"真、假"有赤裸裸的分析,值得一看。

没有假,就没有真。真不怕假,假也取代不了真,怕只怕在人不能分辨真假。虚假得不够,会为自己带来灾祸;真实得无所顾忌,就让人嫌恶。顺从主上,虚假不算有过;忤逆主上,真实也会有罪。有所要求,最忌讳直接索讨,迂回委婉就能得到;拒绝别人,最忌公开表示,婉转曲折才能没有过失。❻

忠诚主导仁义,君子的仁义是不背弃故旧;仁义主导行为,小人的行为是忘恩负义。君子困顿时,不会以不正当手段惑人而背弃故旧,小人显达时,则会背弃主上,这是因为人的虚假,与身处困达与否无关。❼

❹ 道生一，一生二，二生三，三生万物。《道德经·第四十二章》

❺ 昔之得一者：天得一以清，地得一以宁，神得一以灵，谷得一以盈，万物得一以生，侯王得一以为天下贞。其致之一也，天无以清，将恐裂；地无以宁，将恐发；神无以灵，将恐歇；谷无以盈，将恐竭；万物无以生，将恐灭；侯王无以贞而贵高，将恐蹶。《道德经·第三十九章》

❻ 无伪则无真也。真不忌伪，伪不代真，忌其莫辨。伪不足自祸，真无忌人恶。顺其上者，伪非过焉。逆其上者，真亦罪焉。求忌直也，曲之乃得。拒忌明也，婉之无失。《荣枯鉴·示伪第八》

❼ 忠主仁也，君子仁不弃旧。仁主行也，小人行弗怀恩。君子因不惑人，小人达则背主，伪之故，非困达也。《荣枯鉴·示伪第八》

不拘泥于世俗的礼俗,不是虚假;在已经偏离了原意的事上遵守承诺,不算守信;状况不同,人情道理就不同了!❽

真,掺不得假

名实要相符。虚幻的名声,是老天爷所忌的,矫情虚假的人贪图它,潜心修道的人了解真相,就知道要避开它!❾

西方有这么个说法:诚实和怀孕的共同点在于只有"诚实""不诚实"和"怀孕了""没怀孕",而没有"有点诚实""有点不诚实"和"有点怀孕""有点没怀孕"的说法。❿

真假也是一样,要嘛,就是真,要嘛,就是假;所谓半真半假是错误的说法,半真半假不是真,就是假!

真心为真,为实,掺有一点他念就不真了。《呻吟语》的作者吕坤认为:所谓的"假",不只限于言行,还要论心。心中想着为人民谋福祉,若掺杂了一点为自己累积功德的私念,便是假;心中想着为善,若掺杂了一点求知的私念,便是假;道理上该做十分,若争到了还差一毫而停,便是假;汲汲向义,若有二三心,便是假;白天所为皆善,若晚上做梦有邪恶之念,便是假;心中只有九分,若外表却装得像是十分,便是假。⓫

为什么要设立这样的高标准呢?吕坤说得好;这些假,如果不除去,影响所及,就会把"假"意、"假"念由心头慢慢带到言行上!⓬

所以,不可不慎!不可不提高标准,要在心上做到真!

❽ 俗礼不拘者非伪，事恶守诺者非信，物异而情易矣。《荣枯鉴·示伪第八》

❾ 名实如形影。无实之名，造物所忌，而矫伪者贪之，暗修者避之。《呻吟语·品藻》

❿ Honesty is like pregnancy; either you are or you ain't. ——*The Lost Art of the Great Speech*

⓫ 用三十年心力，除一个伪字不得。或曰："君尽尚实矣。"余曰："所谓伪者，岂必在言行间哉？实心为民，杂一念德我之心便是伪；实心为善，杂一念求知之心便是伪；道理上该做十分，只争一毫未满足便是伪；汲汲于向义，才有二三心便是伪；白昼所为皆善，而梦寐有非僻之干便是伪；心中有九分，外面做得恰像十分便是伪。"《呻吟语·存心》

⓬ "此独觉之伪也，余皆不能去，恐渐渍防闲，延恶于言行间耳。"《呻吟语·存心》

真，无需修饰

真不需要修饰，修饰就假了；真的情谊不需要修饰，修饰的交谊就是假情假意。家人父子间不曾互相礼让就登堂入座，不是简慢；不相互劝食而饱食，不是好吃，这是真。要知道：等别人礼让后才登堂入座，而后也会有等别人礼让后还是不登堂入座的；等别人劝食后才吃饱，而后也会有等别人劝食后还是不吃饱的，两者都是文饰啊。废弃文饰固然不符礼数，但若文饰掩盖了真实的本质，也是贼害了礼，那是君子所不推崇的！❸

《文子·九守》有"守真"一段，可用来了解什么是真。

所谓的圣人，适应人情表达自己，依肚子饿不饿而吃饭，考量外形而穿衣，凡事都守着节度做事，不会产生贪污之心。所以能得天下的人，一定不是时时以得天下为念；能享有名誉的人，一定不会逾越应有的行为而强求。他有发乎至诚合乎性命的感情，仁义也因此而生。❹

这样的人，精神不被掩蔽，心灵没有负担，通晓洞察而条理畅达，态度从容平静无事，权势利益不能诱惑他，声色不能淫溺他，善辩的人不能说服他，聪明的人不能鼓动他，骁勇的人不能使他恐惧。这就是真人的人生啊！生生者不生，化化者不化，未曾通达了悟这个道理的人，即使知识涵盖天地，明察日月的运行，辩说能解连环，辞藻能润金石，对天下也不会有所助益。❺

这，就是圣人所持守而不会失去的真；能做到这样，就是"真人"了！

❸ 真器不修，修者伪物也；真情不饰，饰者伪交也。家人父子之间不让而登堂，非简也；不侑而饱食，非饕也，所谓真也。惟待让而入，而后有让亦不入者矣；惟待侑而饱，而后有侑亦不饱者矣，是两修文也。废文不可为礼，文至掩真，礼之贼也，君子不尚焉。《呻吟语·谈道》

❹ 夫所谓圣人者，适情而已。量腹而食，度形而衣，节乎己而，贪污之心无由生也。故能有天下者，必无以天下为也；能有名誉者，必不以越行求之，诚达性命之情，仁义因附。《文子·九守·守真》

❺ 若夫神无所掩，心无所载，通洞条达，澹然无事，势利不能诱，声色不能淫，辩者不能说，智者不能动，勇者不能恐，此真人之游也。夫生生者不生，化化者不化，不达此道者，虽知统天地，明照日月，辩解连环，辞润金石，犹无益于天下也，故圣人不失所守。《文子·九守·守真》

人皆知真之为真，斯假矣！

天下人都知道以美为美时，美就不美了，就丑了！都知道以善为善时，善就不善了，就恶了！❶⓰

这说法乍听之下好奇怪！举个例子，你就相信了：在股票市场买卖股票，设立停损点，当股票跌到某个价格或比例时就认赔杀出，是很好的操作手法；但若所有股市投资人都采用同样的策略，设立同样的停损点，那市场就大崩盘了！好事就变成坏事了！

其理何在？因为宇宙间的事物是多元的、相互的。有、无相互依存，难、易相互促成，长、短互为比较，高、下互为方向，声响、回音相互呼应，前、后相互伴随。⓱

相互对应的，不可能有此无彼。没有难，就没有易；没有长，就没有短；没有高，就没有下。一旦认清天下万物间所维持的那一个相互平衡的状态，我们对真、假、虚、实之间的关联，当有新的体悟。

那就是：别期待所有事物都为真，那是不可能的！当所有事物都真的那一刻，真就不存在了！

❶❻ 天下皆知美之为美,斯恶已。皆知善之为善,斯不善已。《道德经·第二章》

❶❼ 故有无相生,难易相成,长短相形,高下相倾,音声相和,前后相随。《道德经·第二章》

第六篇之二·实腹虚心

以无应有,以虚受实,无为而无不为。

心不实,不能成事;心不虚,不能容纳。
真正的虚,心不受任何事物牵制,
因此道德最高的人没有作为,
却没有任何事不能做成。
虚,正如趋势大师提出的思考模式:先减才能加,
不空出位子,又怎能加进新的东西?

心虚：纳天下的优点

每个人都有一个身、一颗心，这个身要怎么修？这颗心要怎么用？

《呻吟语》说得好：心要大，要大到容得下天下的事物；心要虚，要虚到纳得了天下的优点；心要公平，要公平到可以评论天下的事件；心要沉潜，要沉潜到可以观察到天下的道理；心要镇定，要镇定到可以因应天下的变化。❶

这心要虚，是一件大有学问的事。心性，又要实，又要虚：不实，没有内容，不能成事；不虚，不能容纳其他，就难以了解事物的真谛。❷

无物去执称为"虚"，无妄有根称为"实"。一个人在同一时候，又要无物又要无妄，要虚实一体：虚实在同一事上，同一刹那，可以互为表里、同时存在，这不是卖弄文字，而是人生之道玄之又玄，真是如此！❸

中国人常把"虚心"挂在嘴上，"虚心"和颠倒过来的"心虚"意思不同，"心虚"是心中有弱点，有坏的涵义；"虚心"则是心中无物，没有"执"、没有"宥"、没有偏见、没有包袱，能容得下别人的话、别人的想法，有好的涵义。

《道德经》中的虚

《道德经》对"虚""无"和"空"论述甚多，值得一读。

一、虚心实腹

圣人治理国家、教化人民，是要使他们内心谦卑，肚子吃饱，血气淡化，筋骨强壮。常常使人民处于不求知、无所欲的状态，那么，即使有卖弄智慧的人，

【典籍出处】

❶ 大其心容天下之物,虚其心受天下之善,平其心论天下之事,潜其心观天下之理,定其心应天下之变。《呻吟语·修身》

❷ 不实心,不成事;不虚心,不知事。《小窗幽记·集法篇》

❸ 心要实,又要虚。无物之谓虚,无妄之谓实;惟虚故实,惟实故虚。心要小,又要大。大其心,能体天下之物;小其心,不偾天下之事。《呻吟语·存心》

也不能胡作非为了。遵从无为之道，则没有国家不太平的道理。❹

二、虚而不屈

天地之间，不正像一具冶炼的风箱吗？虚静而不穷尽，越动，风越多。话多有失，词不达意，不如适可而止。❺

三、虚空有用

车轮上三十根辐条，连集到车轴穿过的圆木上，正因为圆木上有空的地方，对车子才有用。糅合黏土制成器皿，正因为有空的地方，器皿才有装盛容纳的用处。房屋安装窗户，正因为窗户有空，光线才进得来，对房屋才有用处。"有"对人们之所以有利益，正是因为"无"所提供的功用啊！❻

四、虚不欲盈

古代善于修道的人，精微、奥妙、玄远、通达，他深涵于道，让别人难以窥探其内在。正因为深涵于道，难以窥探，因此只能勉强地描述他的举止外观。❼

他迟疑审慎，一如冬天涉过河川上的薄冰；他犹疑拘谨，一如畏惧四邻的窥伺；他庄敬恭谨，一如接待宾客；他去除执着，一如冰雪消融；他敦厚朴实，一如未刨的原木；他胸怀宽广，一如幽深山谷；他浑沦不分，一如混浊之水。❽

由上述这七种形容，我们可以想象模拟出那善为道者微妙玄通、深不可识的模样。

谁能让那混浊波动的水逐渐归于宁静，慢慢变得清澈；谁能让它安归于静又再慢慢启动、徐徐生长。持守着道的人，懂得不自满，而正因为不自满，所以能去旧更新。❾

老子的神龙不现首尾，与他在《道德经》中描述善为道者的举止是一模一样的。因为懂得"虚"的真谛，所以不盈，所以不自满！

❹ 是以圣人之治，虚其心，实其腹，弱其志，强其骨。常使民无知无欲。使夫知者不敢为也。为无为，则无不治。《道德经·第三章》

❺ 天地之间，其犹橐籥乎？虚而不屈，动而愈出。多言数穷，不如守中。《道德经·第五章》

❻ 三十辐，共一毂，当其无，有车之用。埏埴以为器，当其无，有器之用。凿户牖以为室，当其无，有室之用。故有之以为利，无之以为用。《道德经·第十一章》

❼ 古之善为士者，微妙玄通，深不可识。夫唯不可识，故强为之容。《道德经·第十五章》

❽ 豫兮若冬涉川，犹兮若畏四邻，俨兮其若客，涣兮若冰之将释，敦兮其若朴，旷兮其若谷，浑兮其若浊。《道德经·第十五章》

❾ 孰能浊以止，静之徐清，孰能安以久，动之徐生。保此道者不欲盈，夫唯不盈，故能蔽而新成。《道德经·第十五章》

五、致虚极，守静笃

内心虚化到极致，持守安静到纯一。这样，就能在万物的蓬蓬勃勃中看出来龙去脉。万物纷纭百态都复归其本根，回到本根就叫平静安息，平静安息便是复归真生命。复归真生命便是永恒，认识永恒便是光明。不识永恒，就会任意妄为，后果凶险。❿

认识永恒，就能万事包容；万事包容，就能公义坦荡；公义坦荡，则为完全人；完全人，则与天同；与天同，就归入道；归入道，即可长久，即使肉身消失，依然平安无恙。⓫

虚化而致虚极，是殁身不殆的起始。

六、大盈若冲，表现如虚

那完善至极的，看起来似有欠缺，实则永不败坏。那丰盈四溢的，看起来似如虚无，实则用之无穷。最正直的好像弯曲，最聪明的好像愚拙，最善辩的好像木讷。安静胜于躁动，一如寒冷抵御炎热。唯有清静，是天下的正道。⓬

即使我们胸有韬略，文才满腹，但大盈若冲，我们仍应该表现如虚。

真正的虚不受事物牵制

《韩非子》有《解老》《喻老》两篇，对老子的《道德经》做了相当多的诠释，包括什么是"虚"。

对没有作为和没有思虑的人，推崇他为"虚"，是认为他的心绪不受任何事物的牵制。但那些没有搞通这点的人，却刻意以没有作为和没有思虑为手段，以求达到"虚"的境界。当人刻意以没有作为和没有思虑为手段，以求达到"虚"的境界，他的心里常常挂念着"虚"，就已经受到"虚"的牵制了。⓭

真正的"虚"，心意不受任何事物牵制。一旦受到"虚"的牵制，那就"不

❿ 致虚极，守静笃。万物并作，吾以观其复。夫物芸芸，各归其根。归根曰静，静曰复命。复命曰常，知常曰明，不知常，妄作凶。《道德经·第十六章》

⓫ 知常容，容乃公，公乃王，王乃天，天乃道，道乃久，殁身不殆。《道德经·第十六章》

⓬ 大成若缺，其用不弊。大盈若冲，其用不穷。大直若屈，大巧若拙，大辩若讷。躁胜寒，静胜热。清静为天下正。《道德经·第四十五章》

⓭ 所以贵无为无思为虚者，谓其意无所制也。夫无术者，故以无为无思为虚也。夫故以无为无思为虚者，其意常不忘虚，是制于为虚也。《韩非子·解老》

虚"了。真正"虚"的人，他的无为，是不把无为放在心上；不把无为放在心上，才是真正的"虚"。真正的"虚"，道德自然完美，道德完美，就是道德最高的人，所以老子说："道德最高的人没有作为，却没有任何事不能做成。"❹

大清明：虚壹而静

《荀子》有一篇《解蔽第二十一》，教人如何不被执着、偏见、知识、罣碍等包袱所蔽塞，认为这要靠"虚壹而静"才能做到；对什么是虚、什么是壹、什么是静有精彩的说明。

人怎么能够知道？因为人有心。心怎么能够知道？因为虚壹而静。心未尝没有收藏着东西，然而有所谓"虚"，所以不碍事；心未尝不同时兼知，然而有所谓"一"，所以不碍事；心未尝不动，然而有所谓"静"，所以不碍事。❺

人生而有知识，有知识就有记忆，记忆就是收藏；然而有所谓"虚"，不以心识所藏的事物妨害将接受的事物，这就叫"虚"。❻

人心生来就有知识，各种知识相异而不同。相异不同的，可以兼知；兼知相异不同的知识，就是两也。然而有所谓"一"，就是不以彼一害此一，不因为知道甲而排斥乙，这就叫做"壹"。❼

心睡觉时就做梦，松懈时胡思乱想，使用时则专一思考；所以心未尝不动，然而有所谓静，所以不以梦幻烦剧扰乱知识，这就叫做"静"。还没得道而在求道的人，则说之以"虚壹而静"；将要去做，须具备道者的"虚"才能入于道；将要行事，须有道者的"壹"才能尽理；将要思考，须有道者的"静"才能明察。知道而能明察，知道而能力行，是真正能够体悟道的人。❽

虚壹而静，称之为大清明。这样，万物没有有形体而不能明见的，没有可以明见而不能论列的，没有可以论列而失其位次的。坐在室内就可以明见四海的事物，处在今世就可以知道久远的事物。洞观万物而知道它的

⓮ 虚者，谓其意无所制也。今制于为虚，是不虚也。虚者之无为也，不以无为为有常。不以无为为有常则虚，虚则德盛，德盛之谓上德。故曰："上德无为，而无不为也。"《韩非子·解老》

⓯ 人何以知道？曰心。心何以知？曰虚壹而静。心未尝不臧也，然而有所谓虚；心未尝不满也，然而有所谓一；心未尝不动也，然而有所谓静。《荀子·解蔽第二十一》

⓰ 人生而有知，知而有志，志也者，臧也；然而有所谓虚，不以所已臧害所将受谓之虚。《荀子·解蔽第二十一》

⓱ 心生而有知，知而有异，异也者，同时兼知之；同时兼知之，两也。然而有所谓一，不以夫一害此一，谓之壹。《荀子·解蔽第二十一》

⓲ 心卧则梦，偷则自行，使之则谋；故心未尝不动也，然而有所谓静，不以梦剧乱知谓之静。未得道而求道者，谓之虚壹而静。作之，则将须道者之虚则入，将事道者之壹则尽，尽将思道者静则察。知道察，知道行，体道者也。《荀子·解蔽第二十一》

情理，验考治乱而通晓它的制度，经纬天地而裁制主宰万物，裁制大理而宇宙都可治理好。这样的人，恢恢广广，谁知道他的极限？广大光明，谁知道他的德有多美？沸腾纷纷，谁知道他的形体是什么样？明和日月相参，大到充满八极，这就称为大人。这样的人，又怎么会蔽塞呢？❿

做到"虚"的人，不以心识所藏的事物妨害将接受的事物；再做到"虚壹而静"，就不会被执着、偏见、知识、罣碍等包袱所蔽塞了！

虚：九守之首，灵之所来

《文子》的第三篇《九守》，讲的是守虚、守无、守平、守易、守清、守真、守静、守法、守弱、守朴十个项目；其中第一项就是守虚。

老子是这样解释如何才称得上是"圣人"的：因应天时安处其角色地位，在当世乐于从事其志业。哀乐是侵害德行的邪恶，好憎是疲累人心的负担，喜怒是有损道业的过失；所以圣人活着时和天的运行相合，死亡之后躯体才物化；静止不动就和阴合德，活动时就和阳同波；心是形体的主宰，神是心最宝贵的东西；形体劳累而不休息就会跌倒不起，精神使用而不停止就会枯竭。所以圣人遵从这道理而不敢逾越。⓴

以无应有，一定能深究其道理；以虚受实，一定能穷尽其规范；安静愉快，持守虚静，以完成他的天命。没有特别排斥的，也没有特别亲爱的，仝以抱德融和为本，以顺于天，与道结交，与德为伴，不为福始，不为祸先，死生都不会影响自己，所以称为"至神"。所谓"神"，指的是：所求，没有不来的；所做，没有不成的。持守着虚，就有这样的结果！㉑

有兽性、有人性、有灵性、还有神性；何谓灵性？灵性从何而来？虚和灵有什么关系？㉒

因为虚空，所以灵明。金属没有声音，铸造成钟磬则能够发出声音；钟磬

❶❾ 虚壹而静，谓之大清明。万物莫形而不见，莫见而不论，莫论而失位。坐于室而见四海，处于今而论久远。疏观万物而知其情，参稽治乱而通其度，经纬天地而材官万物，制割大理而宇宙里矣。恢恢广广，孰知其极？睪睪广广，孰知其德？涫涫纷纷，孰知其形？明参日月，大满八极，夫是之谓大人。夫恶有蔽矣哉！《荀子·解蔽第二十一》

❷⓿ 老子曰：所谓圣人者，因时而安其位，当世而乐其业，夫哀乐者德之邪，好憎者心之累，喜怒者道之过，故其生也天行，其死也物化，静即与阴合德，动即与阳同波。故心者形之主也，神者心之宝也，形劳而不休即蹶，精用而不已则竭，是以圣人遵之不敢越也。《文子·九守·守虚》

❷❶ 以无应有，必究其理，以虚受实，必穷其节，恬愉虚静，以终其命，无所钜，无所亲，抱德炀和，以顺于天，与道为际，与德为邻，不为福始，不为祸先，死生无变于己，故曰至神。神则以求无不待也，以为无不成也。《文子·九守·守虚》

❷❷ 或问："虚灵二字，如何分别？"《呻吟语·存心》

能够发出声音，但以物塞实就没了声音。圣贤之心无所不有，却又一无所有，所以才能对天下的人事物都有所感应而相通。㉓

无所不有，而又一无所有，这"虚"，就是"灵"之所来！

不虚，不能容；先减，才能加

因为一无所有，所以没有执着、罣碍、任何的渣滓，能接受一切人事物；因为无所不有，所以踏实、沉潜，没有丝毫的欠缺。㉔

心若不虚，则所见、所听、所思都受到心中执着、罣碍、渣滓的影响所牵制，所作所为必定不灵明公正，必定不能与自然合一，也必定不能符合天公地道。㉕

世界知名的未来趋势大师、西方畅销书《大趋势》（*Megatrends*,1982）和《大趋势2000》（*Megatrends 2000*,1990）的作者约翰·奈思比（John Naisbitt）在2006年10月曾著书提出未来世界流行的十一项思考模式，其中之一就是：

先减才能加。（Deduct before you add.）

——《Mind Set! 奈思比11个未来定见》

(*Mind Set!—Reset Your Thinking and See the Future*)

想在计算机磁碟上载入更多的新资料，要先清一下磁碟，腾出空间；想把新衣服摆进衣柜，要先丢掉几件旧衣服，腾出空间；想要扩大视野、吸收新知，不排除、不压制既有的定见，难以做到。

不空出位子，不能容纳新的东西；不虚，不能容纳，咱的老祖宗三千年前就在鼓吹了！

孔老夫子曾说：一个人即使有周公那样美好的才能，如果骄傲自大而又吝啬小气，那其他方面也就不值得一看了！㉖

㉓ 曰:"惟虚故灵。顽金无声,铸为钟磬则有声;钟磬有声,实之以物则无声。圣心无所不有,而一无所有,故'感而遂通天下之故'。"《呻吟语·存心》

㉔ 心要虚,无一点渣滓;心要实,无一毫欠缺。《呻吟语·存心》

㉕ 目中有花,则视万物皆妄见也;耳中有声,则听万物皆妄闻也;心中有物,则处万物皆妄意也。是故此心贵虚。《呻吟语·存心》

㉖ 子曰:"如有周公之才之美,使骄且吝,其余不足观也已!"《论语·泰伯篇》

做人处世不以虚,则不论有多美、多好的才华,都是固步自封,抱残自珍,终成死水一滩,难逃失败,不可不警惕!

第六篇之三·避实击虚

以正对付敌人的实,以奇对付敌人的虚。

要取得胜利,如以石击卵般摧毁对手,
靠的是掌握对方的虚实,并对准对方的罩门,
避开对手的强处,攻击其弱点。
虚虚实实,表里组合,变化莫测,
要自己写剧本,让敌人照着演。
不要让敌人写剧本,自己跟着演。

实战与虚战

兵法上也讲虚实，但是含义不同：兵法上，虚是有弱点的，可以攻击；实是没有弱点的，不可以攻击。

任何事情的成败、国家的存亡，取决于有没有弱点，而不在军队人数的多寡。❶

虚战，是自身有弱点的作战。自身有弱点，就要加以伪装，表现出没有弱点的样子，使敌人测不出我方的强弱，不敢轻易和我方作战，我方就可以不受损失，甚至全身而退。❷

实战，就是敌人没有彰显弱点的作战。敌人没有彰显弱点，我方不会鲁莽出击，只能严阵以待，而敌人也不敢轻易启战。❸

用兵打仗能够得胜而不吃败仗，靠的是懂得因应状况，迅速变换使用奇正的战法；而军队出击能像以石击卵般摧毁敌人，靠的是掌握敌人的虚实，对准敌人的罩门加以攻击。❹

向敌人不注意的地方进军，攻击敌人意料之外的地方，行军千里而不疲劳的，靠的是趁敌人没发现、行军于没有人迹的地方就能做到。一进攻就能攻下敌阵获得胜利，靠的是攻敌之虚、攻击敌人疏于防守的弱点。防守而一定能固守的，靠的是固若金汤，敌人不敢来攻。所以，善于进攻的，敌人不知如何防守；善于防守的，敌人不知如何进攻。微妙到敌人见不到我军的行动，神奇到敌人听不到我军的声息；这样，就能控制敌人的命运了。❺

【典籍出处】

❶ 安危在是非,不在于强弱。存亡在虚实,不在于众寡。《韩非子·安危》

❷ 凡与敌战,若我势虚,当伪示以实形,使敌莫能测其虚实所在,必不敢轻与我战,则可以全师保军。法曰:"敌不得与我战者,乖其所之也。"《百战奇略·虚战第四十三》

❸ 凡与敌战,若敌人势实,我当严兵以备之,则敌人必不轻动。法曰:"实而备之。"《百战奇略·实战第四十四》

❹ 三军之众,可使必受敌而无败者,奇正是也。兵之所加,如以碫投卵者,虚实是也。《孙子兵法·兵势第五》

❺ 行千里而不劳者,行于无人之地也。攻而必取者,攻其所不守也。守而必固者,守其所不攻也。故善攻者,敌不知其所守;善守者,敌不知其所攻。微乎微乎,至于无形;神乎神乎,至于无声。故能为敌之司命。《孙子兵法·虚实第六》

避实击虚的要领

进攻而敌人没法防御,是因为我攻击它空虚的弱点;后退而敌人无法追上,是因为敌人赶不上我的速度。想跟敌人作战,敌人虽有高垒深沟也不得不和我作战,是因为我攻击到敌人不可不救的地方。不想与敌人作战,画地而守,敌人也不来攻,是因为我对敌人已经有所牵制。❻

不论是攻敌所必救,或是对敌有所牵制,要使他不来攻我,首先要知道敌人的弱点,知道他虚在何处,进而善加利用他的弱点和虚处。

军队避实击虚要像水,绕过坚实,但见缝插针、摧枯拉朽!水的形态由高处流向低处;用兵的形态避实而击虚。水因地形而变化流向,兵因应敌人的态势而取胜。所以用兵没有一定的态势,水流没有一定的形状,能因应敌人变化而取胜的,就是用兵如神。❼

《孙子兵法》开宗明义就说:"兵者,诡道也。"诡道就是要时时欺骗敌人,尽量造成敌人的困扰;所以做得到要假装做不到,用要假装不用,近要假装远,远要假装近。以利诱敌,敌人混乱就趁机攻取,敌人没有露出弱点就加强戒备,敌人强大就避开,敌人动怒就加以骚扰。自己显得卑微使敌人骄傲,自己安逸却使敌人疲于奔命,自己团结一致却使敌人分崩离析。在敌人没想到的时候出手,出手时攻击敌人没有防备的地方。这是作战胜利的方法,但都不是事先预测规划好的。❽

读以上这段,不难发现:避实击虚的要领,常常浮现矣!

❻ 进而不可御者，冲其虚也；退而不可追者，速而不可及也。故我欲战，敌虽高垒深沟，不得不与我战者，攻其所必救也。我不欲战，画地而守之，敌不得与我战者，乖其所之也。《孙子兵法·虚实第六》

❼ 夫兵形象水。水之形，避高而趋下；兵之形，避实而击虚。水因地而制流，兵因敌而制胜。故兵无常势，水无常形，能因敌变化而取胜者，谓之神。《孙子兵法·虚实第六》

❽ 兵者，诡道也。故能而示之不能，用而示之不用，近而示之远，远而示之近，利而诱之，乱而取之，实而备之，强而避之，怒而挠之，卑而骄之，佚而劳之，亲而离之，攻其不备，出其不意。此兵家之胜，不可先传也。《孙子兵法·始计第一》

虚实的表里组合变化

一、看似实，正是实

看似实，正是实，通常打不起来！

照着中国兵法所讲的攻守原则来走，敌人看来是实，我方没有取胜的机会，则必先固守，等待敌方露出弱点才会进攻；所以敌人看来是实，我守不攻，我方看来也实，敌人也守而不攻，当下两军只有相持对峙。❾

美俄冷战时期，双方核武恐怖平衡，都有毁灭对方一次以上的核打击能力。在这种状况下，任一方不只自己是实，还要把己方实的事实让对方清楚知道，让对方不会妄动开打！

二、看似实，原是虚

看似实，原是虚，这是打肿脸充胖子，符合兵法《百战奇略》对虚战的说明，虚必伪装为实，使敌不攻。赌梭哈时常见此招，称为诈唬（Bluffing），拿了一手烂牌却下大注，想靠虚张声势逼退对手。

也有以虚为实，掩护真正的攻击，这是明修栈道，掩饰陈仓暗度的那一手。❿

韩信为了迷惑敌人，一方面假装重修栈道，以虚为实，另一方面率领大军偷袭陈仓，结果汉军迅速灭掉三秦，占领关中。

诸葛亮草船借箭，草船没有真正的打击力量，在雾中击鼓而出，也是看似实，原是虚；草船借箭更是无风险的看似实，原是虚，因为大雾之中，曹军不敢出击迎敌，只能以弓箭狂射，让坐在草船之中，强拉着鲁肃做伴喝酒的诸葛亮轻松赚走十万支箭！

❾ 凡战，所谓攻者，知彼者也。知彼有可破之理，则出兵以攻之，无有不胜。法曰："可胜者，攻也。"《百战奇略·攻战第三十七》

凡战，所谓守者，知己者也。知己有未可胜之理，则我且固守，待敌有可胜之理，则出兵以攻之，无有不胜。法曰："知不可胜，则守。"《百战奇略·守战第三十八》

❿ 示之以动，利其静而有主，益动而巽。《三十六计·第八计·暗度陈仓》

三、看似虚，正是虚

看似虚，正是虚，这是搏命演出！依兵法，虚要装实；看似虚，则敌必攻之！若真是虚还让人看似虚，岂非自讨苦吃？

在兵战，看似虚，正是虚的例子，当数《三国演义》中诸葛亮对司马懿演出的那出空城计。与其说诸葛亮艺高人胆大，其实他在当时是走投无路，没招了，不得已啊！❶

诸葛亮谨慎，司马懿知道；司马懿谨慎，诸葛亮也知道。在无计可施的情况下，诸葛亮别无他法，只有一搏。看似虚，重点在一个"似"字，以司马懿的谨慎及其对诸葛亮的了解，既然不能确定真是空城，则看似虚者必实，当然不只不能进城，还要尽速退兵。

值得一问的是，读了空城计以后，下次遇到一个疑似空城计的空城，敢不敢杀进城去？

明朝末年，清太祖努尔哈赤攻打袁崇焕镇守的宁远兵败而退。野史记载清太祖也遇上了袁崇焕的空城计，也许是想着袁崇焕不是诸葛亮，自己也不是司马懿，别给一座空城唬住了，清太祖就率兵攻进城内。哪知道袁崇焕示弱示寡，城中无兵却地遁八阵图，并把二百尊西洋炮架上城楼。清太祖攻入城内，明军杀出地道，炮轰城内，清太祖匆匆逃出城外，又遇伏兵，受伤复发而亡，让他的儿子皇太极恨死了袁崇焕，誓言为父复仇。

问题可以一直问下去，读了诸葛亮的空城计，又读了袁崇焕的空城计，下次再遇到一个疑似空城计的空城，要怎么应付？

四、看似虚，原是实

看似虚，原是实，这是扮猪吃老虎，诱使敌人照着我方的剧本演。以虚诱敌，让敌人见猎心喜，让敌人大意，让敌人变动阵式，是虚实四种表里组合中最常见的。因为是照我方的剧本演，所以我方知此知彼，稳操胜券。

例一：马陵之战中齐将孙膑减灶诱魏将庞涓上当。公元前342年魏王派庞

❶ 虚者虚之，疑中生疑；刚柔之际，奇而复奇。《三十六计·第三十二计·空城计》

涓攻打韩国，韩国向齐国求援，孙膑向齐威王建议先坐山观虎斗，韩国五败后齐将田忌及孙膑才率兵救韩。庞涓回兵与孙膑决战，孙膑避其锋芒，以减灶之计引诱庞涓进入预定埋伏地点，万箭齐发，庞涓大败，自杀身亡。

例二：在荷马（Homer）史诗所叙述的特洛伊战争中，希腊联军围攻特洛伊城十年不下，用了伊萨卡国王尤里西斯（Ulysses）的奇计，佯装退兵，却留下内藏士兵的巨大木马，让特洛伊人欢天喜地拖入城内。在特洛伊人狂欢庆祝胜利之夜，里应外合，屠城灭了特洛伊。这是西谚"小心带着礼物而来的希腊人"（Beware of Greeks bearing gifts.）的由来，让我们警惕小心"看似虚，可能是实"！

实则正攻，虚则奇攻

弓矢未曾交射，长矛短剑还没有交锋，敌人的前方部队鼓噪呐喊，是以虚张声势防备我方攻击，这叫做"虚"；敌人后方部队鼓噪呐喊，则是将有所行动，这叫做"实"；不发出声音，则是秘密地有所图谋，这叫做"秘"。这些主动、虚虚实实的操作就是用兵的本质。❿

《孙子兵法》全书，一个观念贯穿其中，就是"虚实"。唐太宗就曾赞道："我看古今这么多兵书，无出《孙子兵法》之右者；而《孙子兵法》十三篇所谈论的，又不出虚实。用兵，只要能够正确看出虚实之势，没有不打胜仗的！"❸

针对太宗的感叹：将帅嘴巴上知道讲"避实击虚"——避开敌人的强处，攻击敌人的弱点，等到临敌作战，却少有能正确判断虚实的；李靖的看法是：学习奇正虚实，要先学奇正相变的本领，再学对虚实之形的认识和判断。⓮

奇正是用来对付敌人的虚实；以正对付敌人的实，以奇对付敌人的虚。身为将帅，如果不懂得奇正的招术，则虽然识破了敌人的虚实，又能做什么？教导将帅了解了奇正的招术，他们自己就会学到虚实的情境状况了。⓯

奇、正、虚、实间随时互动。所谓"以奇为正"——把奇招转为正招，就是当敌人以为我出奇招时，我就转以正招攻击；所谓"以正为奇"——把正招

❶❷ 矢射未交,长刃未接,前噪者谓之"虚",后噪者谓之"实",不噪者谓之"秘",虚实者兵之体也。《尉缭子·兵令上第二十三》

❶❸ 太宗曰:"朕观诸兵书,无出孙武;孙武十三篇,无出虚实。大用兵,识虚实之势,则无不胜焉。今诸将中,但能言'避实击虚'。及其临敌,则鲜识虚实者。盖不能致人,而反为敌所致故也。如何?卿悉为诸将言其要。"《唐太宗李卫公问对·卷中》

❶❹ 靖曰:"先教之以奇正相变之术,然后语之以虚实之形,可也。诸将多不知以奇为正,以正为奇,且安识虚是实,实是虚哉?"《唐太宗李卫公问对·卷中》

❶❺ 靖曰:"奇正者,所以致敌之虚实也。敌实则我必以正,敌虚则我必为奇。苟将不知奇正,则虽知敌虚实,安能致之哉?臣奉诏,但教诸将以奇正,然后虚实自知焉。"《唐太宗李卫公问对·卷中》

转为奇招，就是当敌人以为我出正招时，我就转以奇招攻击。所谓"使敌势常虚，我势常实"，就是永远使敌人常处在一个不稳定、被动、摸不着头绪的有弱点状态；而我方常处在一个稳定、主动、清明的无弱点状态。❶⓰

致人：写剧本是实，照人剧本演是虚

一、让敌先动，暴露其虚

"致人"就是写剧本让别人照着演，《百战奇略》对"致战"是这样说明的：凡是敌人依我方所写的剧本前来攻击，其态势常常是有弱点的；我方没有出战，则我方的态势常常是没有弱点的。以各种方法诱使敌人来攻，而我方据守待敌，则很少有不获胜的。所以兵法说：要写剧本让敌人照着演，别照着敌人写的剧本演。⓱

兵法讲了那么多虚实，不外就是"致人"，要主动造成敌人先动来反应，而不要"致于人"，不要被动地受敌人主导以动作来反应。要自己写剧本，让敌人照着演，不要让敌人写剧本，自己跟着演。⓲

凡是先到达战地等待敌人的，处在安逸的地位；后到达战地仓促应战的，必感到疲劳。所以善战者能主动致敌，而不受制于人。要使敌人肯来，就要用利益引诱他；要使敌人不敢来，就要让他觉得有害而不来。敌人想休息，要设法让他疲劳；敌人想吃饱，要设法让他饥饿；敌人想安闲，要设法让他劳动。⓳

善战者，致人，而不致于人。敌人如果没有弱点，就要主动逼敌人动一动，让他有机会暴露弱点。

二、我专而敌分，我众而敌寡

虚张声势，示人以形，使敌人不知我的虚实，则我的兵力集中而敌之兵力分散。若我集中兵力于一处，敌人兵力分散十处，等于是我以十对敌人的一，

❻ 太宗曰:"以奇为正者,敌意其奇,则吾正击之;以正为奇者,敌意其正,则吾奇击之。使敌势常虚,我势常实。当以此法授诸将,使易晓耳。"《唐太宗李卫公问对·卷中》

❼ 凡致敌来战,则彼势常虚;不能赴战,则我势常实。多方以致敌之来,我据便地而待之,无有不胜。法曰:"致人而不致于人。"《百战奇略·致战第六十二》

❽ 靖曰:"千章万句,不出乎'致人而不致于人'而已。"《唐太宗李卫公问对·卷中》

❾ 孙子曰:凡先处战地而待敌者佚,后处战地而趋战者劳。故善战者,致人,而不致于人。能使敌人自至者,利之也;能使敌人不得至者,害之也。故敌佚能劳之,饱能饥之,安能动之。《孙子兵法·虚实第六》

则我众而敌寡，可以掌握数量上的优势；因此，我可以在希望的时间地点和敌人作战，必可以最简约的代价得到最大的效果！❷

打算要和敌人接战的地点不能让敌人知道；敌人不知道，要防备的地点就多；要防备的地点多，与我作战的敌人数量相对就少。所以，敌人留意防备前面，则后面的兵力就少；留意防备后面，则前面的兵力就少；留意防备左面，右面的兵力就少；留意防备右面，左面的兵力就少；处处都要留意防备，则处处兵力都少！兵力寡少，是处于被动、防备敌人造成的；兵力充裕，是居于主动、让敌人防备自己造成的！❷

三、示乱、示怯、示弱以诱敌

旌旗纷纷，人马纭纭，在混乱中作战，却要使军队不混乱；战车转动，骑兵奔驰，在混沌不清的状况下作战，却要使军队不为敌所乘。要伪装混乱，必须有严密整治的本体，此乱非真乱；要伪装怯懦，必须有勇敢的素质，此怯非真怯；要伪装弱小，必须有强大的力量，此弱非真弱。整治与混乱，取决于组织编制；勇敢与怯懦，取决于作战的态势；强大与弱小，取决于两军相对的实力。❷

因此善于欺敌诱敌者，故意让敌人看到我军混乱、怯懦、弱小的样子，则敌人必定照着我的剧本演；以敌人想要的东西诱敌，敌一定上当来取；以利诱敌，而以治、勇、强的军队等着敌人，就能予以迎头痛击！❷

致人求虚：奇攻不成，再复为正！

在第五篇中，老摩根在使出奇正招术的同时，送给珠宝商一张字条，抱怨珍珠围巾别针价钱太高，就是要创造一个敌虚的状况，逼珠宝商反应，希望他的反应让自己的奇兵有机可乘。

❷⓿ 故形人而我无形，则我专而敌分。我专为一，敌分为十，是以十攻其一也，则我众而敌寡。能以众敌寡者，则吾之所与战者，约矣。《孙子兵法·虚实第六》

❷❶ 吾所与战之地不可知，不可知，则敌所备者多，敌所备者多，则吾所与战者，寡矣。故备前则后寡，备后则前寡，备左则右寡，备右则左寡，无所不备，则无所不寡。寡者，备人者也；众者，使人备己者也。《孙子兵法·虚实第六》

❷❷ 纷纷纭纭，斗乱而不可乱也；浑浑沌沌，形圆而不可败也。乱生于治，怯生于勇，弱生于强。治乱，数也；勇怯，势也；强弱，形也。《孙子兵法·兵势第五》

❷❸ 故善动敌者，形之，敌必从之；予之，敌必取之。以利动之，以实待之。《孙子兵法·兵势第五》

的确，如果珠宝商想到老摩根是个巨富、大腕，也许以后还能从他那做到更多生意，可能就接受那张四千美元的支票，退还密封的盒子，让老摩根以折价20%拿下珍珠围巾别针。实际的状况是，珠宝商虽然撕掉了四千美元的支票，没有让老摩根的奇兵得逞，但是老摩根还有正兵在手，以藏在密封盒子中的另一张五千美元支票，完成珍珠围巾别针的付款。正因为老摩根用了一个抱怨价格太高的下马威"致人求虚"，才铺陈了接下来"奇攻不成，再复为正"，奇正虚实尽在其中的奇正相生好戏！

在任何一场具有奇、正、虚、实元素的人际互动或竞争活动中，观察他人、对手或敌人的虚实，隐匿自己的虚实，可不是事到临头、现场当下才做的事，而是平时如战时，意识中随时随地都要留心的功课。

切记！任何时候都别暴露自己的虚实，甚至要时时欺骗对手，虚虚实实、虚中有实、实中有虚；兵者诡道也，误导对手敌人没有时地之分！再者，有机会就要不断地主动致人，增加他人、对手或敌人改变阵仗、暴露虚处弱点的机会。

第七篇·以寡击众

取胜的关键在欺敌诱敌、出奇制胜、攻其不备。

少数迎战多数的时候,要如何求胜?
兵书教我们要创造局部优势,在地势险要之处迎战,
欺敌诱敌,营造利己的环境,
将之应用到21世纪的商战上,
取得市场区隔、寻找策略伙伴,
即是以少击众的致胜关键。

使敌备多力分，我则集中一点

众则力强，寡不敌众，双拳难敌四手，古有名训。

麋鹿比虎豹弱小，但麋鹿成群，虎豹都会避开；一般飞鸟没有鹰鹫凶猛，但飞鸟成队，鹰鹫也不敢袭击；聪明人即使聪明，当众人聚在一起，聪明人也不敢冒犯。❶

有十倍于敌人的兵力，就包围敌人；有五倍于敌人的兵力，就攻击敌人；有多于敌人一倍的兵力，就设法使敌人兵力分散；与敌人兵力相当，就衡量状况决定是否接战；兵力少于敌人，就采取守势；实力不如敌人，就要避免与敌人接战。所以如果弱小的军队坚持接战，就会被强大的敌人所俘虏。❷

《孙子兵法》主张不打没有把握的仗，在知道可以打败敌人时才会挑起战端，而且只在拥有绝对优势兵力的状况下才主动出击。

为了取得在战场特定点上的相对兵力优势，《孙子兵法》力主"形人而我无形""致人而不致于人"，要诱使敌人照着我方所写的剧本演。

作战时一般的原则是：掌握主动，使敌人备多力分，我方的兵力集中于一点，而敌人的兵力分到十处。若原本双方兵力相当，则现在已成我十敌一；即使原本敌众我寡，人强我弱，现在敌分为十，我方就可以扳平劣势，甚至掌握局部兵力优势，将敌人各部分个个击破！❸

如果敌人在数量上占了优势，我方更要设计欺敌，像是同时佯攻几处，让敌人不能不分散兵力在多处防守，而我方却暗中集中兵力；则在总数量上敌虽胜我，在局部的某一点上——可能就是牵一发动全局、决定全局胜负的关键点——我方却有优势的兵力，就能以多数击败少数。❹

敌众我寡下的欺敌手段，包括多种虚张声势的动作，若是能让敌人不敢贸

【典籍出处】

❶ 麋鹿成群,虎豹避之;飞鸟成列,鹰鹫不击;众人成聚,圣人不犯。《说苑·杂言第十七》

❷ 故用兵之法,十则围之,五则攻之,倍则分之,敌则能战之,少则能守之,不若则能避之。故小敌之坚,大敌之擒也。《孙子兵法·谋攻第三》

❸ 故形人而我无形,则我专而敌分。我专为一,敌分为十,是以十攻其一也,则我众而敌寡,能以众敌寡者,则吾之所与战者,约矣。《孙子兵法·虚实第六》

❹ 凡与敌战,若彼众多,则设虚形以分其势,彼不敢不分兵以备我。敌势既分,其兵必寡;我专为一,其卒自众。以众击寡,无有不胜。法曰:"形人而我无形。"《百战奇略·形战第二十三》

然立刻来攻，让我方争取到撤退的宝贵时间，也是保全自身的良策。❺

避之于易，邀之于阨

但若是敌众我寡，我方安然撤退又做不到，必须硬着头皮一战，就像在当今竞争激烈的工商业社会中，企业常会碰到敌众我寡、人强我弱的状况，那又要如何扭转不利的态势，转危为安，甚至转败为胜呢？在历史上，敌众我寡，必须硬着头皮一战的状况屡见不鲜，也是中国兵书经常探讨的一个题目，值得我们学习应用。

被列为《武经七书》之一的兵书《吴子》，是吴起先后和魏文侯、魏武侯两位国君的军政兵学对话，其中有一段记载武侯向吴起请教敌众我寡的因应之道。

吴起的因应战术是：在敌众我寡时，不要和敌军在地势开阔平坦的地形接战，要在地势险要、易守难攻的地形迎敌。面对有十倍、百倍、甚至千倍人数优势的敌军，最好就是在狭窄的阨口、地势险阻的地方，对敌军加以攻击。虽然己方人数少，但是突然击金鸣鼓，在敌军通过阨口时发动攻击，人数占优势的敌军也少有不心惊胆战而兵败的。兵力居优势者，务必选在地势开阔平坦的地形和敌军接战；兵力居劣势者，务必选在地势险要的地形迎击敌军！❻

营造有利的环境态势

另一本同列《武经七书》，比《吴子》更早的兵书《六韬》，是姜太公分别和周文王、周武王讨论文韬武略的记载，其中太公和武王也有关于如何以少击众、以弱击强的讨论。

太公以少击众、以弱击强的战术，就是要在天色昏暗时、隐藏在深草之中、

❺ 凡与敌战，若敌众我寡，敌强我弱，须多设旌旗，倍增火灶，示强于敌，使彼莫能测我众寡、强弱之形，则敌必不轻与我战。我可速去，则全军远害。法曰："强弱，形也。"《百战奇略·弱战第二十》

❻ 武侯问曰："若敌众我寡，为之奈何？"起对曰："避之于易，邀之于阨。故曰，以一击十，莫善于阨；以十击百，莫善于险；以千击万，莫善于阻。今有少卒，卒起，击金鸣鼓于阨路，虽有大众，莫不惊动。故曰，用众者务易，用少者务隘。"《吴子·应变第五》

守候在险峻的隘口道路攻击敌军。而太公以弱击强的战略，则是要得到大国的支持和邻国的帮助。❼

几乎雷同的文字，也出现在《百战奇略》对"寡战"的说明上。❽

但如果已少敌众，已弱敌强，又天不从人愿，没有深草可藏，没有险峻的隘口道路可守，而敌军在天色昏暗之前就已经到来；没有大国撑腰，又没有邻国施以援手；那要怎么办？兵法告诉我们：一定要用尽办法，改变时空，营造出对我方有利的环境态势！

回答武王以上的问题：太公建议使用各种欺敌、诱敌的手段，骚扰敌人的行军，拖延它的速度，让敌军与我相遇的时间落到日暮，让敌军因应我们一路上的零星游击攻击，改变它的行军路线、战术、甚至战略，走进深草，走入隘路。我们应该以丰厚的利益好处、谦卑讨好的言辞，伺候大国和邻国的领导人、大臣和关键人物，以得到他们的帮助。❾

把以上兵书中的战术和战略运用到21世纪的商战上，太公要以少击众、以弱击强的战术就是：选择对手视野会被遮蔽、自己可隐藏以出其不意攻击对手，让对手优势人力和资源不能发挥效用的特定区隔市场（Market Segment）。

太公要以弱击强的战略就是：找到一个强有力的策略伙伴，借重它的品牌、技术、资源等等。

从敌众我寡到敌寡我众

不论是《孙子兵法》的创造局部优势兵力，或是《吴子》《六韬》在敌众我寡、人强我弱态势下取胜的方法，关键都在出奇制胜，攻敌不备。

善于用兵的将帅，在该出兵时按兵不动，该按兵不动时反而出兵；不去攻打想当然耳的目标，反而攻打出人意料的目标；不只调动驱策一支部队，正兵

❼ 武王问太公曰:"吾欲以少击众,以弱击强,为之奈何?"太公曰:"以少击众者,必以日之暮,伏于深草,要之隘路。以弱击强者,必得大国之与,邻国之助。"《六韬·豹韬·少众》

❽ 凡战,若以寡敌众,必以日暮,或伏于深草,或邀于隘路,战则必胜。法曰:"用少者务隘。"《百战奇略·寡战第十二》

❾ 太公曰:"妄张诈诱,以荧惑其将。迂其道,令过深草;远其路,令会日暮。前行未渡水,后行未及舍,发我伏兵,疾击其左右,车骑扰乱其前后。敌人虽众,其将可走。事大国之君,下邻国之士,厚其币,卑其辞。如此,则得大国之与,邻国之助矣。"《六韬·豹韬·少众》

之外还有奇兵，无兵之处都是兵。掌握了这三个"奇兵"的要领，与敌人作战，即使是在敌众己少、敌强己弱的状况下，也一定可以得到胜利！❿

而对那非常幸运、两军对战时在数量上占有优势的一方，应该设身处地站在对手的立场，想想对手会做些什么。

想到寡少的对手会藉日暮、深草、隘路之便，得大国邻国之助；居众的一方就该避开日暮、深草、隘路，并且慎防大国邻国的介入。兵法说：我众敌寡的一方，要战就该选在平坦开阔的地形，以正规阵式应战，这样没有不胜利的！⓫

先学会以寡击众，再反过来思考，就能学到以众击寡！

❿ 善用兵者，不出所当出，出所不当出。……善用兵者，不攻所当攻，攻所不当攻。……善用兵者，不专主乎一军，正兵之外有兵，无兵之处皆兵。……此三奇者，必胜之兵也；少可胜众，弱可胜强。《潜书·下篇下·五形》

⓫ 凡战，若我众敌寡，不可战于险阻之间，须要平易宽广之地。闻鼓则进，闻金则止，无有不胜。法曰："用众进止。"《百战奇略·众战第十一》

第八篇·不豫则废

居安思危，是准备的第一步。

准备，是成事的起点，
凡事不预作准备，一定会失败，
要懂得居安思危，才能有备无患。
机会是眷顾准备好的心智的，
若面对险峻挑战不早做因应的准备，那就不可活了！

不准备，会倒霉

人要是不考虑未来的状况，忧患很快就会来临！❶

事先准备，就能做成，事前不准备，就会失败。说话前有准备，就不会讲得前后矛盾；做事前有准备，就不会中途发生困难；行为前有准备，事后就不会悔恨；讲道前有准备，就不会辞穷。❷

人的忧患，来自不准备、不想好因应的计谋。《黄石公素书》有云："怨在不舍小过，患在不豫定谋。""豫"就是"预"，而《兵经百言》对"预"这个字，有如下的解说：

事情出乎意料，必定心慌害怕，心慌害怕就不能在仓促中周详思考，如此就露出失败的征兆了。兵法谈到作战会遇到的状况有上千种，造成的伤害数以万计，一定要想清楚敌人来袭时如何因应？敌人掩杀过来时如何抵挡？被敌人冲成两段时如何对付？敌人自四方而来时如何应战？凡是艰难危险的事，一定要预先筹划、分别配置，一定要对预想的各种状况有因应的方法，对预料之外的状况有心理准备。如此一来就可以心安气定，遇到状况不惊慌，即使在像把鸡蛋叠起来的那种状况下，也不会有危险！❸

古人出师用兵，在危险困难中进进出出，都能平平安安，没有祸患，不是因为有什么特别奇妙的智慧，只不过是有准备而已！❹

机会眷顾有备的心智

为什么要准备？吴起由兵家的角度，给了既清楚又简洁的答案：战场上，士兵往往死在他做不到的事上，军队往往败在不纯熟、不习惯的事上。所以用兵的方法以教练戒慎为首要之事。❺

一个人学好了，再教成十人；十人学好了，再教成百人；百人学好了，再

【典籍出处】

❶ 子曰:"人无远虑,必有近忧。"《论语·卫灵公篇》

❷ 凡事豫则立,不豫则废。言前定则不跲,事前定则不困,行前定则不疚,道前定则不穷。《中庸》

❸ 凡事以未意而及者,则心必骇,心骇则仓猝不能谋,败征也。兵法千门,处伤万数,必敌袭如何应,敌冲如何挡,两截何以分,四来何以战!凡属艰险危难之事,必预筹而分布之,务有一定之法,并计不定之法,而后心安气定,适值不惊,累卵无危。《兵经百言·智部·预》

❹ 古人行师,经险出难,安行无患,非必有奇异之智,预而已。《兵经百言·智部·预》

❺ 吴子曰:"夫人常死其所不能,败其所不便。故用兵之法教戒为先。"《吴子·治兵第三》

教成千人；千人学好了，再教成万人；万人学好了，再教成三军。作战取胜之道就是：以我之近，待敌之远；以我之逸，待敌之劳；以我之饱，待敌之饥。教练的内容则是：教以圆阵，又教以方阵；教以如何坐，又教以如何起；教以如何行，又教以如何止；教以如何左，又教以如何右；教以如何前进，又教以如何后退；教以如何分，又教以如何合；教以如何集结，又教以如何解散。当士卒把在战场上所可能碰到的每种变化都反复练习之后，才把兵器交付给他们。这就是将领该做的事。❻

用兵打仗如此，世上其他的事情也一样：思考准备在先，事情发生在后，就会顺利成功；事情发生在先，思考准备在后，就难逃失败覆亡！❼

在显微镜下发现细菌、在生物学发展史上享有盛名的19世纪法国科学家巴斯德（Louis Pasteur），根据他自身的经验，曾留下一句名言：

就观察而言，机会眷顾有备的心智。（Where observation is concerned, chance favors only the prepared mind.）

机会眷顾有备的心智，其实不只限于观察一事，它适用在任何事情上。

备之慎之，慎在备先

老子曾说："凡做人的方法，心要小，志向要大，智慧要圆通，行为要方正，才能要多元，事务要简少。"❽

"心欲小"的意思是：心中担心祸患要来而还没有来，对祸患小心戒备，对细微处谨慎，对欲望不敢稍有放纵。所以心欲小就是禁绝细小的失误。❾

人们常说"小心！小心！"也许就是由心欲小来的吧！

《呻吟语》讲到凡事都要有备而来，要既慎且备，因为谨慎所以有准备，

❻ 吴子曰:"一人学战教成十人,十人学战教成百人,百人学战教成千人,千人学战教成万人,万人学战教成三军。以近待远,以逸待劳,以饱待饥。圆而方之,坐而起之,行而止之,左而右之,前而后之,分而合之,结而解之。每变皆习乃授其兵。是谓将事。"《吴子·治兵第三》

❼ 谒问析辞勿应,怪言虚说勿称;谋先事则昌,事先谋则亡。《说苑·谈丛第十六》

❽ 老子曰:凡人之道,心欲小,志欲大,智欲圆,行欲方,能欲多,事欲少。《文子·微明》

❾ 所谓心欲小者,虑患未生,戒祸慎微,不敢纵其欲也。……故心小者,禁于微也……《文子·微明》

且不因为有准备而不谨慎。

明朝吕坤曾描述他的一位朋友沉潜优雅、态度从容，看起来总是温文而不随事起舞。每次要找随身急用的东西，座客中没有准备的多有人在，而这位朋友总能由衣袖中取出，应付过去。有时向他索取几件东西考考他，他会叫左右仆役在所带的东西中寻找，竟也都能找到。❿

吕坤赞叹佩服这位朋友："君要用的东西，从来没找不到的啊！"朋友答复："我常常准备了却没用到呢。准备万一需要的时候使用，这已经是第二步了。准备之心，在于谨慎之心，所以谨慎在准备之先。所有需要准备的我都事先思考规划好了，所以不需另作准备。自有准备以来，我就不怕有万一的状况，所以准备好的东西常常用不到。"⓫

或说："那就不用准备了。"朋友的回应是这样的："虽然没有万一的状况，还是加以准备，这就是我所谓的谨慎。若仗恃着有准备就不谨慎，则准备就成了助长怠忽的原因，久而久之，必定会发生落在准备之外的情况；仗恃着谨慎而不准备，则谨慎就成了限制发挥作用的原因，久而久之，必定会发生谨慎考虑之外的情况。所以宁可有所准备而不用，不可以要用而没有准备。"⓬

吕坤赞叹："这是用心到了极致啊。《易经》说：'还用白茅垫着，如此谨慎又有什么错呢？'讲的不就是这个意思？"⓭

准备，是成事的起点

一座高墙，上面厚重，墙基薄弱，未必会崩裂；但雨水淋个不停，一定会倒塌毁坏。树木根浅，未必会倾倒；但受到大风吹袭，暴雨浇淋，一定会连根拔起。君子所住的国家，不崇尚仁义，不尊敬贤臣，未必会灭亡；然而一旦发生非常的变化，人们四散奔逃，灾祸指日而至，到这个时候才叫得喉干唇燥，仰天长叹，希望老天爷施予援手，那就太难了！⓮

❿ 一友人沉雅从容，若温而不理者。随身急用之物，座客失备者三人，此友取之袖中，皆足以应之。或难以数物，呼左右取之携中，犁然在也。《呻吟语·存心》

⓫ 余叹服曰："君不穷于用哉！"曰："我无以用为也。此第二着，偶备其万一耳。备之心，慎之心也，慎在备先。凡所以需吾备者，吾已先图，无赖于备。故自有备以来，吾无万一，故备常余而不用。"《呻吟语·存心》

⓬ 或曰："是无用备矣。"曰："无万一而犹备，此吾之所以为慎也。若恃备而不慎，则备也者，长吾之怠者也，久之，必穷于所备之外；恃慎而不备，是慎也者，限吾之用者也，久之，必穷于所慎之外。故宁备而不用，不可用而无备。"《呻吟语·存心》

⓭ 余叹服曰："此存心之至者也。《易》曰：'藉之用茅，又何咎焉？'其斯之谓与？"吾识之，以为疏忽者之戒。《呻吟语·存心》

⓮ 丰墙硗下未必崩也，流行潦至，坏必先矣；树本浅，根垓不深，未必橛也，飘风起，暴雨至，拔必先矣。君子居于是国，不崇仁义，不尊贤臣，未必亡也；然一旦有非常之变，车驰人走，指而祸至，乃始干喉燋唇，仰天而叹，庶几焉天其救之，不亦难乎？《说苑·建本第三》

孔老夫子因此做了结论:"不在开始时就慎重行事,而在事后悔恨,虽悔恨也来不及了。"《诗经》说:"哭泣抽咽,叹息都来不及了!"指的就是,不先正本,不准备,不把基础打好,最后就会有无穷的忧患!❶⓹

要准备,就要详尽思考各种可能的情境,这是博弈理论(Game Theory)所讲的核心原则:

数尽未来可能情境……倒推决定今天行动。(Looking forward … reasoning back. ——*Think Strategically*)

荷兰皇家壳牌石油公司(Dutch Royal Shell)采用的"情境规划"(Scenario Planning)——先模拟设想出各种不同的外在情境,再针对各个情境规划出营运策略方案——被许多人认为是该公司能够顺利度过20世纪70年代第一次全球石油危机,并且在危机之后一跃成为全球石油业领导者的主要原因。

再看看《百战奇略》对"备战"的说明:出兵征讨作战,行军途中要防备敌人进攻拦截,停下来时要防备敌人袭击,扎营后要防备敌人偷盗马匹粮草,起风了要防备敌人火攻。能够这样无所不包、戒慎小心地防备,就可以做到有胜而无败了。❶⓺

其实这和皇家壳牌石油公司所讲的"情境规划"还真是颇为雷同。

居安思危,有备无患

能够有居安思危的危机意识,是准备的心理建设,是准备的第一步。❶⓻

没事,要像有事一般提防着,才能消弭意外的变局;有事,要像没事一样的镇定,才能在灾难来时解危!❶⓼

古人看"居安思危",认为事先存有戒心是最可贵的,国君能够做到这一

⑮ 孔子曰："不慎其前，而悔其后，虽悔无及矣。"《诗》曰："啜其泣矣，何嗟及矣！"言不先正本而成忧于末也。《说苑·建本第三》

⑯ 凡出师征讨，行则备其邀截，止则御其掩袭，营则防其偷盗，风则恐其火攻。若此设备，有胜而无败。法曰："有备不败。"《百战奇略·备战第二十七》

⑰ 《书》曰："居安思危"，思则有备，有备无患。《左传·襄公十一年》

⑱ 无事常如有事时，提防才可以弭意外之变；有事常如无事时，镇定方可以消局中之危。《菜根谭·应酬》

点，国家的灾祸就已经远去了！❶⁹

国家大事，没有比戒备危机更重要的了。失之毫厘，结果可以差之千里，覆军杀将，来势汹汹而不踚息，能不让人心生恐惧吗！所以有患难时，君臣都来不及吃饭而勤劳谋事，选择贤才而加以任用！❷⁰

不居安思危，强敌恶寇临门还不知道害怕，就如燕子在屋内筑巢，鱼儿在锅里嬉游，覆亡就在眼前了！《左传》有云："既不准备，又不知道忧心，就不可以领兵打仗。"又云："有所预备，没有值得忧心的事，是古代的良好施政。"再云："被有毒的蜂虿刺到，都是突来的危险，更何况国家面临的大小事？"没有准备，即使人数众多也不足以仗恃。所以说："有备无患。"而军队的行军作战，是不可以没有妥善戒备的。㉑

这种居安思危的心态不单单能应用在国家大事上，对个人人生的任何面向和境遇，包括患难安乐和贫贱富贵，也都一体适用；一个人在安康舒适的环境下若还能居安思危，就能无往不安！㉒

准备的深度要超过门槛

豫则立，不单是准备而已，更是要投入"够多"的时间精力，超越熟能生巧的门槛，才能在遇到状况时从容因应。

准备的功夫要够深。牙买加裔的美国作家麦尔坎·葛拉威尔（Malcolm Gladwell）在他的畅销书《异数：超凡与平凡的界线在哪里？》（*Outliers: The Story of Success*）中提出了个有趣的观念："一万小时定律"（10,000-Hour Rule）。

一万个小时的努力投入，是达成伟大成果的魔术数字。（Ten thousand hours is the magic number for greatness.）

❶❾ 起对曰："夫安国家之道，先戒为宝，今君已戒，祸其远矣。"《吴子·料敌第二》

❷⓿ 夫国之大务，莫先于戒备。若夫失之毫厘，则差若千里，覆军杀将，势不踰息，可不惧哉！故有患难，君臣旰食而谋之，择贤而任之。《将苑·戒备第十七》

❷❶ 若乃居安而不思危，寇至不知惧，此谓燕巢于幕，鱼游于鼎，亡不俟夕矣！《传》曰："不备不虞，不可以师。"又曰："豫备无虞，古之善政。"又曰："蜂虿尚有毒，而况国乎？"无备，虽众不可恃也。故曰："有备无患。"故三军之行，不可无备也。《将苑·戒备第十七》

❷❷ 以患难心居安乐，以贫贱心居富贵，则无往不泰矣；以渊谷视康庄，以疾病视强健，则无往不安矣。《小窗幽记·集醒篇》

葛拉威尔认为，成就是天赋加准备。他根据自己搜集的资料和研究分析，归纳出一个结论：任何人要在某一特定的领域出类拔萃，出人头地，通常都要扎扎实实地投入一万小时的努力；年轻的网球选手如此，少年围棋选手如此，年轻的音乐家如此，甚至当年英国披头士乐团在德国汉堡几年夜店演奏下来的蜕变也是如此。

台上一分钟，台下十年功。"一万小时定律"只是换个不同量化的说法，告诉我们：准备，永无止尽，超过门槛才奏效！

准备的广度要包罗万象

学生准备考试，单复习教科书的内容，是准备；复习了教科书的内容，又看参考书，也是准备；看完了参考书，再做模拟试题，还是准备！

有些事表面上看来彼此毫不相干，其实都是息息相关的准备功夫。周文王曾问姜太公："以文的方式攻伐别国，有哪些方法？"太公回答："有十二种文的方式，可以用来攻伐别国。"❷❸

这十二项文伐的工作，由第一项：针对敌国国君所喜好的事，顺其心志讨好他，让他产生骄傲自大之心，使他任意去做奸邪之事；先曲意顺从他，将来一定可以除掉他！❷❹

到最后一项，第十二项：供养敌国的乱臣以迷蒙敌国国君的心智，进献美女淫声以惑乱他的神志，赠送好的犬马以疲劳他的身体，常以庞大的形势诱使他更加狂妄，然后就可以上察天时，等待着与天下之众共同去攻打他！❷❺

太公对文王说，当这十二项工作都完备了，就可以用武力攻伐了。这就是所谓的：上观天象，下察地理，当相关征兆出现时，就可以出兵讨伐了。❷❻

原来武伐之前还有文伐，准备功夫范围之广，令人惊讶！

㉓ 太公曰："凡文伐有十二节……"《六韬·武韬·文伐》

㉔ 一曰：因其所喜，以顺其志。彼将生骄，必有奸事。苟能因之，必能去之。《六韬·武韬·文伐》

㉕ 十二曰：养其乱臣以迷之，进美女淫声以惑之，遗良犬马以劳之，时与大势以诱之，上察而与天下图之。《六韬·武韬·文伐》

㉖ 十二节备，乃成武事。所谓上察天，下察地，征已见，乃伐之。《六韬·武韬·文伐》

豫，可能有惊喜！

不豫则废；在地球面临更多天灾人祸，人类面对前所未有挑战的21世纪，读了经典对"豫"的教诲仍然不豫，对人类面临的各种险峻挑战不早做因应准备，就真是自作孽不可活了！㉗

以防备灾祸为初心的"豫"，一旦做到，会有意想不到的惊喜！就像西方人说的，当一个有备的心智遇到一桩意外，那意外很可能就是一个新发现。㉘

公元1492年，当筹划多年、一心向西航行，想以新航线到达东方的哥伦布（Christopher Columbus）以准备来到日本的心情，却意外登上巴哈马半岛（The Bahamas Archipelago）的圣萨尔瓦多（San Salvador）时，他不只没有遇上灾祸，而是发现了美洲新大陆！

㉗ 天作孽，犹可违；自作孽，不可逭。《尚书·商书·太甲中》

㉘ A discovery is said to be an accident meeting a prepared mind.——Albert Szent-Gyorgyi

第九篇·待敌可胜

有智慧的等待让成功酝酿、让手段成熟。

敌我对峙,迟不出手,到底在等什么?
等待可以打败对手的一刻!
胜利,多半来自对手的失误,
先求不败,再待敌之可胜,抓住机会发动攻击,
好运总是赏赐给那些耐心等待的人!

赌桌上的"待敌之可胜"

一名取得美国芝加哥大学（Chicago University）企管硕士，由金融从业人员转为职业赌徒的男士，多年前在电视上分享职业赌徒打败赌场的手法。据他说，被拉斯维加斯各赌场列入黑名单的职业赌徒约有八万人，但是黑名单上人这么多，赌场根本无从在赌场大门口识出职业赌徒，防止他们进入赌场。

那赌场要怎么认出任何职业赌徒呢？通常是由赌客看似异常的下注来揪出可能的职业赌徒。所谓异常的下注就是下的注忽大忽小；如果赌场发现有这样的现象，安全人员就会去核对黑名单了。

而道高一尺，魔高一丈；因应赌场祭出的方法，职业赌徒到赌场赌钱至少是两人一组同行的。一人负责下大注，一人负责下小注，看桌上牌势顺逆的状况，当台面所剩牌张对庄家有利时，就由专下小注的那人下注，当台面所剩牌张对庄家不利，职业赌徒赢钱的概率往上大增，就由专下大注的那人下注，海削赌场一把！

等赢钱的机会来了，才下大注，这就是"待敌之可胜"！

"待敌之可胜"是中国兵学里的重要观念。

先求不败，见可则进

从前善于用兵作战的人，先求立于不败之地，再等待可以打败敌人的那一刻到来；立于不败之地是由自己掌握的，可不可以打败敌人却是由敌人掌握的，所以可以做到自己不败，却不能做到一定打败敌人。这就是所谓的"胜可知，而不可为"——知道要打败敌人，却不一定做得到。❶

【典籍出处】

❶ 孙子曰：昔之善战者，先为不可胜，以待敌之可胜；不可胜在己，可胜在敌。故善战者，能为不可胜，不能使敌必可胜。故曰：胜可知，而不可为。《孙子兵法·军形第四》

用兵的方法，要领在于应变、在于熟知兵法；我军要有什么举动，一定要先预测敌人的动向。敌人要是没有举动，我军就等待他动；敌人要是有了举动，我军就随他的举动而因应，这是对自己有利的。兵法有云：能因应敌人的变化而取胜的，称之为神。❷

敌人有了举动的那一刻，要很快在第一时间判断出敌人是不是暴露了弱点？是不是露出了"虚"处？是不是可以被我们打败？

如果在第一时间审察判断，认为有理由相信我们可以打败敌人，就应该以最迅速的手段出兵直捣其弱点，这样没有不得到胜利的。兵法因此说：见可则进。❸

这个"可"，是敌人可以被打败的机会，见到它，就应该迅速出击！

因此，作战要采取守势还是攻势，不是操之于将帅的主观偏好，而是依战场上观察到的敌我态势决定的。当不能打败敌人时，就应该采取守势；可以打败敌人时，就应该采取攻势。❹

开始时像个害羞的处女，以最低的姿态先求自保，了解环境后，在敌人露出弱点破绽的第一时间——也就是敌人可以被打败的那一刻——以兔子飞奔的速度，针对敌人的弱点破绽给予致命一击，这就是胜利的关键！❺

胜利多来自对手的失误

战场之外，"先自保，再求全胜"的观念也用在其他方面的互动，最常见、显著的例子，就是各类的竞技活动和职业运动比赛。

在职业运动的比赛中，防守一向被认为先于攻击；在两队相对抗时，防守较佳的一队往往赢面较大。进攻有成有不成，紧密防守的一方，只要先守着让对方不能得分，再伺机抓住机会一轮猛攻，就可赢得胜利！

而仔细观察任何竞争行为，由战争到体育竞赛，由商业竞争到技能比赛，我们可以发现：胜利多来自对手的失误。

❷ 凡兵家之法,要在应变,好在知兵,举动必先料敌。敌无变动,则待之;乘其有变,随而应之,乃利。法曰:"能因敌变化而取胜者,谓之神。"《百战奇略·变战第九十八》

❸ 凡与敌战,若审知敌人有可胜之理,则宜速进兵以捣之,无有不胜。法曰:"见可则进。"《百战奇略·进战第五十九》

❹ 不可胜者,守也;可胜者,攻也。《孙子兵法·军形第四》

❺ 是故始如处女,敌人开户;后如脱兔,敌不及拒。《孙子兵法·九地第十一》

帮助父亲唐太祖李渊打下天下，以贞观之治在中国历史上留下盛名的唐太宗认同这个观察。太宗在与李卫公李靖讨论兵法时曾说："我读了许多兵书，看书中讲了很多很多，总不外乎'多造成对方的失误'一句话而已。"❻

李靖附和太宗的说法，并进一步阐释："大凡用兵，要是敌人没有失误，我军怎么能打败他们呢？就像下棋一样，双方势均力敌，一步棋发生失误，竟然整局棋就没法挽救了。所以古今以来战场上的胜败之分，往往是由一个失误而来的；一个失误就会带来失败，更何况是许多的失误呢？"❼

胜利多半来自敌人的失误，不只在战场上、棋局中如此，在任何有竞争的状况下都是如此。

孰可胜？孰不可胜？

说是待敌之可胜，那在什么情境下才是可胜，又在什么情境下是不可胜呢？

古代兵书对这问题着墨不少。《吴子》就列出八种不必占卜就知道可以胜的情境，在这些状况下绝对可以出手攻击，克敌制胜！

这八种情境都是敌军状况最艰苦，人、时、地都最不利的时候：疾风大寒，一大早就起床，深夜还行徙不定，剖冰讨河，不怕艰难，此其一也。盛夏炎热，休息行动都没有调节，驱使饥渴的军队远距离行军，此其二也。军队在外已久，粮食用尽无有；百姓怨怒，吉凶谣言纷起，在上者也没法制止，此其三也。军备资源既竭，柴薪饲料也少，天多阴雨，想掠夺以解不足也无处可去，此其四也。部队徒众不多，水源地形都不利，人染疾病马患瘟疫，四邻国家没人来助，此其五也。要走的路还很远而天色已暮，兵众又累又怕，疲倦且还没吃东西，卸下盔甲正在休息，此其六也。将领的能力薄弱，干部轻浮不实，士卒动摇，

❻ 太宗曰:"朕观千章万句,不出乎'多方误之'一句而已。"《唐太宗李卫公问对·卷下》

❼ 靖良久曰:"诚如圣论。太凡用兵,若敌人不误,则我师安能克哉?譬如弈棋,两敌均焉,一着或失,竟莫能救。是古今胜败,率由一误而已,况多失者乎!"《唐太宗李卫公问对·卷下》

三军屡起惊慌,也没有援军来助,此其七也。布了阵但尚未就绪,开始扎营但还没完毕,途经崎岖艰险之地,一半已过,一半还在其中,此其八也。❽

《吴子》也列出六种不必占卜就知道绝对没法子战胜的情境,在这些状况下千万别动手,反而要选择避过敌人的锋芒,躲开为上!

土地广大,人民富众,此其一也。上爱其下,恩惠遍及各方,此其二也。赏必有信,刑必明察,都恰当其时,此其三也。依功序列,任贤使能,此其四也。军队人数多,装备精良,此其五也。有四邻国家的帮助,大国的援助,此其六也。❾

提高胜率的情境模式范本

除了以上,吴起还在《吴子·料敌第二》中向魏武侯阐明十三种敌人"趋其危,必可击"的状况,姜太公在《六韬·龙韬·兵徵》中也对周武王详述"精神先见,遇见胜败之徵"的道理和诸多相关徵兆,孙子也说过预知战争胜利的方法有五种:看清楚状况、知道可不可以开打的会胜利,知道运用寡众兵力的会胜利,军队上下一心的会胜利,以充分准备对应敌人怠忽的会胜利,将帅能干而国君不干涉牵制的会胜利;这都是古代学兵者必学、必知,以判断敌人可胜或不可胜的兵学专业知识。❿

古代战场上作战,哪些情境是敌人可胜,哪些情境是敌人不可胜,熟读兵书就可以知道。人类的其他竞争活动中,也都可以各自归纳出一套情境模式范本,列出哪些是可以击败对手的情境,哪些又是不能击败对手的情境。

累积特定产业及相关市场的专业知识和经验,有助于我们对特定产业市场归纳出"可胜?不可胜?"的情境模式范本。手握这样的情境模式范本,知道对手"可胜?不可胜?"能帮助我们在瞬息万变、分秒必争的竞争环境中,在第一时间就针对攻击与否做出正确的决定,提高我们在竞争中胜出的几率!

❽ 吴子曰："凡料敌，有不卜而与之战者八：一曰疾风大寒，早兴寤迁，剖冰济水，不惮艰难。二曰盛夏炎热，晏兴无间，行驱饥渴务于取远。三曰师既淹久，粮食无有，百姓怨怒，妖祥数起，上不能止。四曰军资既竭，薪刍既寡，天多阴雨，欲掠无所。五曰徒众不多，水地不利，人马疾疫，四邻不至。六曰道远日暮，士众劳惧，倦而未食，解甲而息。七曰将薄吏轻，士卒不固，三军数惊，师徒无助。八曰陈而未定，舍而未毕，行阪涉险，半隐半出。诸如此者击之勿疑。"《吴子·料敌第二》

❾ 有不占而避之者六：一曰土地广大，人民富众。二曰上爱其下，惠施流布。三曰赏信刑察，发必得时。四曰陈功居列，任贤使能。五曰师徒之众，兵甲之精。六曰四邻之助，大国之援。凡此不如敌人，避之勿疑。所谓见可而进，知难而退也。《吴子·料敌第二》

❿ 故知胜者有五：知可以战与不可以战者胜，识众寡之用者胜，上下同欲者胜，以虞待不虞者胜，将能而君不御者胜。此五者，知胜之道也。《孙子兵法·谋攻第三》

安陵缠的知时、待时

讲一则听过的人都拍案叫绝的故事，说明"知时""待时"的神奇效果。故事有点长，但绝对精彩！

且说战国时代的安陵缠长得非常俊美，因此得到楚共王的喜爱。❶

江乙去见安陵缠，问他："你的祖先对楚国建有战功吗？"安陵缠说："没有。"江乙又问："那你自己对楚国建有战功吗？"安陵缠说："也没有。"江乙说："那你为什么会这样尊贵、受到大王的宠爱呢？"安陵缠说："我也不知其所以然。"江乙说："我听说，以金钱财物讨好别人者，钱一用尽交情也就淡了；以美色讨好别人者，失去美色所受的宠爱也就没有了。今天你的俊美，有一天会失去，你要如何才能永保大王对你的宠爱呢？"安陵缠问："我年轻而不聪明，希望先生指教。"江乙说："只有告诉大王你要为他陪葬，才可以永保大王对你的宠爱。"安陵缠说："敬闻先生的指示！"江乙就离开了。❷

过了一年，江乙遇到安陵缠，问他："之前所告诉你的事，你向大王报告了吗？"回答说："还没。"又过了一年，江乙又见到安陵缠而问他："你向大王报告了吗？"安陵缠说："我还没有找到他有空的时候啊。"江乙说："你外出时和大王坐同一辆马车，在宫内和大王坐同一张桌子。过了三年还没空向大王报告，你是没有把我说的话当一回事啊！"拂袖而去。❸

那一年，共王到江渚野外打猎，经典中描述得好美："野火之起若云蜺，虎狼之啸若雷霆。"有只犀牛从南方冲过来，撞上共王车子的左边，共王举起旌旗，号令善射的随从射箭，一箭就把犀牛杀死在车下。共王大为高兴，拍手而笑，回头对安陵缠说："我万岁以后，这种快乐你要和谁共享啊？"❹

安陵缠退了几步，流下眼泪打湿了衣襟，抱住共王说："大王万岁以后，

❶❶ 安陵缠以颜色美壮，得幸于楚共王。《说苑·权谋第十三》

❶❷ 江乙往见安陵缠，曰："子之先人岂有矢石之功于王乎？"曰："无有。"江乙曰："子之身岂亦有乎？"曰："无有。"江乙曰："子之贵何以至于此乎？"曰："仆不知所以。"江乙曰："吾闻之，以财事人者，财尽而交疏；以色事人者，华落而爱衰。今子之华，有时而落，子何以长幸无解于王乎？"安陵缠曰："臣年少愚陋，愿委智于先生。"江乙曰："独从为殉可耳。"安陵缠曰："敬闻命矣！"江乙去。《说苑·权谋第十三》

❶❸ 居期年，逢安陵缠，谓曰："前日所谕子者，通之于王乎？"曰："未可也。"居期年，江乙复见安陵缠曰："子岂谕王乎？"安陵缠曰："臣未得王之间也。"江乙曰："子出与王同车，入与王同坐。居三年，言未得王之间乎？以吾之说未可耳。"不悦而去。《说苑·权谋第十三》

❶❹ 其年，共王猎江渚之野，野火之起若云蜺，虎狼之啸若雷霆。有狂兕从南方来，正触王左骖，王举旌旄，而使善射者射之，一发，兕死车下。王大喜，拊手而笑，顾谓安陵缠曰："吾万岁之后，子将谁与斯乐乎？"《说苑·权谋第十三》

臣要为大王陪葬，又哪里会知道谁能再享这种快乐？"共王听了，大为高兴，立刻在车下加封安陵缠三百户。所以说：江乙善谋，安陵缠知时。❺

如果安陵缠不知时，听了江乙的建议就立刻兴冲冲去见共王：

"大王、大王，臣有事禀报！"

"爱卿，何事禀报？"

"报告大王，您往生万岁时，臣要为您陪葬殉死！"

如果戏码是这样演出的话，共王肯定不但不会加封安陵缠三百户，还一头雾水、搞不懂安陵缠没头没尾地在说些什么。共王可能会认为安陵缠疯了，安陵缠甚至于会触了共王的霉头，种下失宠的种子！

安陵缠的知时、待时，就在于他知道什么时候敌人可胜，知道共王在什么时候会被自己以身相殉的话所感动！

孕育胜机，耐心等待

可胜的情境不会自动从天上掉下来；善战者会主动积极孕育可以战胜敌人的情境。

姜太公在回答周文王所问文伐的问题时，曾说在战场之外可以对敌人执行的文事作战有十二项，全做到了，就可以接着执行武力作战。所谓上观天文、下察地理，当看到敌人败亡的征兆已经显露出来，就是可以展开征伐的时候了。❻

而在武力作战之前，当敌人败亡——也就是"敌可胜"——的征兆出现之前，可不能闲着，该忙着文伐的事，努力暗中促成"敌可胜"的情境早日孕育成熟！

待敌可胜，就是西方人所说的："好运总是以头奖赏赐给那些等待的人。"

要知道如何等待。懂得等待彰显一个人心地高贵、具有耐心，永远不匆匆忙忙做事，也永远不被情绪所掌控。人必先掌控自己、做自己的主人，才能掌

⑮ 安陵缠乃逡巡而却，泣下沾衿，抱王曰："万岁之后，臣将从为殉，安知乐此者谁？"于是共王乃封安陵缠于车下三百户。故曰："江乙善谋，安陵缠知时。"《说苑·权谋第十三》

⑯ 太公曰："凡文伐有十二节……十二节备，乃成武事。所谓上察天，下察地，征已见，乃伐之。"《我·武韬·文伐》

控别人、当别人的主人。人必先穿过时间所占据的外围，才能来到位于中心的机会。❶⓻

有智慧的等待让成功酝酿、让手段成熟。及时的效果比大力士海格力士的铁锤还有用。神自己不以铁腕、而以时间来惩罚人。有个很棒的说法："当时间与我站在同一边，我们可以击败任何其他两个人的联手。"❶⓼

等可以打败敌人时再发动攻击；等女朋友想嫁时再向她求婚；等别人急着要了解某件事时再对他提供信息；等别人需要时再对他伸出援手。善用"待敌可胜"的智慧，你的打击率和上垒率都会高得吓人！

❶❼ Know how to wait. It is a sign of a noble heart to be endowed with patience, never to be in a hurry, never to be given over to passion. First be master over yourself if you would be master over others. You must pass through the circumference of time before arriving at the center of opportunity. ——*The Art of Worldly Wisdom, No.55*

❶❽ A wise reserve seasons the aims and matures the means. Time's crutch effects more than the iron club of Hercules. God himself chastens not with a rod but with time. "Time and I against any two," is a great saying. Fortune rewards the first prize to those who wait. ——*The Art of Worldly Wisdom, No.55*

第十篇·当机立断

见到有利不可失去，遇到时机不可迟疑。

在人生的各项选择中，最忌讳的是什么？
犹豫、狐疑，不能抓住关键机会，立刻决定。
机，要发在对手无可逃逸之时，
要洞烛先机，掌握当下，更要事先准备，随时待机，
在"机"稍纵即逝之前，发挥最大效果！

人生如棋，抓住关键

二十一岁时就首次夺得世界棋王头衔，称霸棋坛二十年，后来更为美国《华尔街日报》（*Wall Street Journal*）撰写专栏的国际象棋棋王卡斯帕罗夫（Garry Kasparov）写了一本以国际象棋论人生策略的书，其中引用另一位知名国际象棋王斯帕斯基（Boris Spassky）的观察：在下棋时能够认出什么时候棋局胜负的关键来临，是决定棋手棋力高下的最好指标。❶

受到体力和精神的限制，没有任何棋手可以在每一局棋中的每分、每秒都维持最佳状态；重要的是，能不能在漫长的棋局中认出胜负关键的即将来临，从而打起精神、全神贯注，在关键时刻做出最正确、最好的决定，奋力一搏——这就是决定棋局胜负、决定棋手孰优孰劣的因素！❷

同样的，没有任何人可以在生命中的每月、每日、每时都维持最佳状态，以面对人生的挑战；重要的是，能不能认出生命中重要关键时刻的即将来临，从而打起精神、全神贯注，在关键时刻做出最正确、最好的决定，奋力一搏——这就是决定人生成败、决定一个人是不是拥有一个"不虚此行"人生的因素！

关键时刻，Tipping Point

我们老祖先对"机"所做的诠释，含义甚广，不只包括棋局或人生的关键时刻。

机是势的维系处、事的转变处、物的紧切处、时的凑合处。机是稍纵即逝的，当下此刻是机，片刻后就不是机；抓住了就是机，失去了就不是机。对机的考虑要深谋远虑，秘而不宣，要明辨机的生成，要当机毫不犹豫地做出正确的决定！❸

【典籍出处】

❶ World champion Boris Spassky once observed that "the best indicator of a chess player's form is his ability to sense the climax of the game". ——*How Life Imitates Chess*

❷ It is virtually impossible to always play the best moves because accuracy comes at the expense of time and vice versa. But if we can detect the key moments we can make our best decisions when they matter most. ——*How Life Imitates Chess*

❸ 势之维系处为机，事之转变处为机，物之紧切处为机，时之凑合处为机。有目前即是机，转瞬处即非机者；有乘之即为机，失之即无机者。谋之宜深，藏之宜密。定于识，利于决。《兵经百言·智部·机》

由以上"机"的诠释,对我们日常生活中常用到的"机会""危机""机关""军机""机要""先机"这些词汇,当更能清楚明白了解它们的意思了。

机的酝酿生成,总开始在阴暗隐秘的地方,然后才以正大光明的迹象显现出来!

在周文王斋戒七天之后,姜太公如此回答文王询问有关建国之道的问题:圣人之在天地之间,其意义至为重大;因此其行动必须与时势变化相应和。天下的形势,若从外表观察,人民总是平静安定的;但人民的内心则常是天下动乱的机,机一动,天下得失的斗争就开始了!所以机的发动,最初总在阴暗隐秘的地方,但若要运用这个机来端正天地纲常,就必须以正大光明的行动作为创始,让天下的人都来应和!等到天下又回到常态时,既不要进争其功,也不要退逊其位。如此革命建国,就能与天地同光了!❹

各种"机"的孕育无声无息,一旦生发,其影响之大,古籍早有记载。天所生的杀机,一旦发动,星宿移位;地所生的杀机,一旦发动,河海中的龙蛇纷纷上陆;人所生的杀机,一旦发动,天翻地覆!❺

而群经之首的《易经》,就是一本罗列宇宙天地间各种"机"的著作。

无"机"不成事

周武王曾向姜太公请教:"敌人厉害,对我方的状况知之甚详,对我方的战略战术也很了解,我们要怎样才能打胜仗?"太公回答:"打胜仗的秘诀,在于很快抓住并善用对我方有利的机会,而使我方获得利益,在敌人没有想到的时、地发动攻击。"❻

照太公的说法,兵胜之道,至少在两军对峙、相杀的战场上,是看谁能先认出、抓住且善用对自己有利的机会。

❹ 圣人之在天地间也，其义固大矣。因其常而视之，则民安。夫民动而为机，机动而得失争矣。故发之以其阴，会之以其阳，为之先倡，而天下和之。极反其常，莫进而争，莫退而逊。守国如此，与天地同光。《六韬·文韬·守国》

❺ 天发杀机，移星易宿；地发杀机，龙蛇起陆；人发杀机，天地反覆。天人合发，万变定基。性有巧拙，可以伏藏。九窍之邪，在乎三要，可以动静。《太公阴符经·神仙抱一演道章》

❻ 武王曰："敌知我情，通我谋，为之奈何？"太公曰："兵胜之术，密察敌人之机而速乘其利，复疾击其不意。"《六韬·武韬·兵道》

武经七书之一的《吴子》也讲到"机",并把它分为"气机""地机""事机"和"力机"四种,认为四机是作战成败的关键;知道这四个关键,是为将者的基本条件。❼

三军之众,百万之师,士气盛衰锐钝的掌握只在于一人,这是气机;路狭道险,名山大塞,只要有十个人防守,一千人来攻都过不去,这是地机;善用间谍,以轻兵往来,分散敌人的部队,使其君臣相互怨恨,上下互相憎恶,这是事机;战车坚固妥善,船上橹楫顺畅,士卒熟习战阵操练,战马熟悉战场驰逐,这是力机。❽

诸葛亮曾说:愚蠢的人打败有智慧的人称之为"逆势而为";有智慧的人打败愚蠢的人称之为"顺势而为";有智慧的人棋逢敌手,要打败同样有智慧的人,则要靠"机"。❾

和《吴子》稍有不同,他把机分为事机、势机和情机三种。事机发生了而不能因应,是没有智慧;势机起动了而不能掌握使用,是不够贤能;情机发生了而不能行动,是不够勇敢。诸葛亮认为:善为将帅的人,必是因"机"而立胜,因为擅长抓住和利用突然发生的机会而获得胜利!❿

所有兵家对"机"的阐述和论点,在人生的其他面向上都可以一体适用;可以说是:人生不论任何事,都是无"机"不成!

"机"的生成与掌握

《兵经百言》中的另一个字"发",和"机"有很大的关联。

"发",要在什么时候?一定要在敌人无处、无法可逃的时候发动——也就是要在"机"生成时发动。太早发动,敌人会跑掉;太晚发动,机会会丧失。所以善于用兵的人,一定先要把敌人引到一个无处可逃、无法可逃的处境下,才予以痛击!⓫

❼ 吴子曰："凡兵有四机：一曰气机，二曰地机，三曰事机，四曰力机。……知此四者，乃可为将。"《吴子·论将第四》

❽ 吴子曰："三军之众，百万之师，张设轻重在于一人，是谓气机；路狭道险，名山大塞，十夫所守，千夫不过，是谓地机；善行间谍，轻兵往来，分散其众，使其君臣相怨，上下相咎，是谓事机；车坚管辖，舟利橹楫，士习战阵，马闲驰逐，是谓力机。"《吴子·论将第四》

❾ 夫以愚克智，逆也；以智克愚，顺也；以智克智，机也。《将苑·机形第二十二》

❿ 其道有三：一曰事，二曰势，三曰情。事机作而不能应，非智也；势机动而不能制，非贤也；情机发而不能行，非勇也。善将者，必因机而立胜。《将苑·机形第二十二》

⓫ 制人于危难，扼人于深绝，诱人于伏内。张机投阱，必度其不可脱而后发。盖早发敌逸，犹迟发失时。故善用兵者，制人于无可逸。《兵经百言·法部·发》

敌人有处可逃、有法可逃，还称不上是有利于我方之机。有利于我方之机，只要被我抓住，敌人必定无处可逃、也必定无法可逃！

在兵战中，掌握"机"是攸关胜负生死的事。

掌握必胜的方法，指挥分合奇正变化，都在于抓住了"机"。若不是有智慧的人，怎能识出机而加以利用呢？辨识机的方法，在于洞烛先机，在机还没有生发前就观察到蛛丝马迹。⓬

当猛兽遭困受伤时，小孩子也可以拿戟矛加以追赶；蜂虿毒针刺人，壮汉也会徬徨失色。这都是机，都是没有想到的突发状况，变化太快，令人无法加以考虑。⓭

机未发之前，固然难以预料，机已发之后，也不可以无以应对，否则机就白白丧失了！⓮

下棋时，先手很重要，为了掌握那一手致人的先机，不失去对敌人排山倒海、步步进逼的主动权，许多棋手宁愿被对手吃掉几子，也要抢得一手先机。⓯

利不可失，机不可迟

作战的要诀在于速战速决，乘敌人没有准备时，自敌人没有想到的路径而来，攻击敌人没有戒备的地方。⓰

要速战速决，首在决定要快，就是要当机立断！

战场是一失手就丧命的地方，抱着必死的决心和敌人战斗就能存活，想侥幸留下性命的一定活不了。善于为将帅者，有如坐在下沉中的漏船上，有如待在火烧就要坍塌的房子里；在那种环境下，智者来不及计谋，勇者之怒也无处可施，只有当机立断，下定决心，与敌人周旋死战了。用兵的败笔，以犹豫不决最大，军队所遇到的灾祸，都是由狐疑多虑、畏首畏尾而生的！⓱

善于用兵的人，在等待机时安静不挠，见到可胜之机则起而行动，还见不

❷ 夫必胜之术,合变之形,在于机也。非智者孰能见机而作乎?见机之道,莫先于不意。《将苑·应机第三十三》

❸ 故猛兽失险,童子持戟以追之;蜂虿发毒,壮夫彷徨而失色。以其祸出不图,变速非虑也。《将苑·应机第三十三》

❹ 机之未至不可以先,机之已至不可以后。《续资治通鉴·卷一百四十二》

❺ 法曰:宁输数子,勿失一先。……与其恋子以求生,不若弃子而取势,与其无事而强行,不若因之而自补。《棋经十三篇·合战第四》

❻ 兵之情主速,乘人之不及,由不虞之道,攻其所不戒也。《孙子兵法·九地第十一》

❼ 吴子曰:"凡兵战之场,立尸之地,必死则生,幸生则死。其善将者,如坐漏船之中,伏烧屋之下,使智者不及谋,勇者不及怒,受敌可也。故曰:用兵之害,犹豫最大,三军之灾,生于狐疑。"《吴子·治兵第三》

到可胜之机就静而不动。无所恐惧，无所犹豫。用兵之害，犹豫最大；三军之灾，莫过狐疑。善于用兵的人，见到有利不可失去，遇到时机不可迟疑。失去有利，错过时机，反而会受到祸害。所以有智慧的人抓住机就不放过，巧慧的人毅然决断而不会犹豫。❶⓮

当机立断的声势惊人！所展现的行动，迅雷不及掩耳，迅电不及眨眼。奔赴之急速，有若受到惊吓；用力之猛，有若发了狂。敢抵挡它的，一定被击破；靠近它的，必定覆亡；是没有人能够抵御的！❶⓯

待机如处女，用机似脱兔

为什么同一位将帅、同一支军队，会在开始时像一个处女般安静不动，但是当敌人露出破绽弱点之后，就像飞奔的兔子一样，对敌人的弱点猛烈攻击，让敌人无法抵挡？❷⓪

处女、脱兔的分别，就在一个"机"！一旦敌人露出破绽弱点，那就是久候苦等的机，就该紧紧抓住，好好把握，倾全力攻击敌人的弱点，当头痛击，把他击溃！《呻吟语》说得好：

事到手且莫急，便要缓缓想；想得时切莫缓，便要急急行。

要对机有完整的了解，就不能不知道如何认出机的到来，在认出机的到来后，又要怎样做出正确的决定，把机所带来的效果发挥得淋漓尽致！

但当机立断可不是莽撞地投入，而是要有准备的。第八篇《不豫则废》让我们知道：若平常没有准备好，即使机来了也认不出，即使认出机也不知道可以采取哪些行动，即使知道可以采取哪些行动也没法做出正确的选择，即使考虑到了正确的选择也会犹豫不决，错失那"机"的短暂窗口！

要做到当机立断，进而得到成功，还真不容易呢！

❶❽ 善战者，居之不挠，见胜则起，不胜则止。故曰：无恐惧，无犹豫。用兵之害，犹豫最大；三军之灾，莫过狐疑。善战者，见利不失，遇时不疑。失利后时，反受其殃。故智者从之而不失，巧者一决而不犹豫。《六韬·龙韬·军势》

❶❾ 是以迅雷不及掩耳，迅电不及瞑目。赴之若惊，用之若狂；当之者破，近之者亡，孰能御之！《六韬·龙韬·军势》

❷⓿ 是故始如处女，敌人开户；后如脱兔，敌不及拒。《孙子兵法·九地第十一》

第十一篇·迂回至要

迂回前进是达到目标最快、最有效的方法。

要达到目标，最快、最有效的路线怎么走？
一如"正言若反"，迂回才是两点之间最短的距离。
迂回能规避阻力，往往后发先至，
当我们耐心走完迂回的道路，
在眼前的就是那衷心期待的结果。

迂回前进才能直达目标

学校数学课本告诉我们：两点间最短的距离是直线。

数学上正确的立论，未必是正确的人生智慧。数学上，两点间最短的距离是直线；做人处世上，除了极少数幸运情境，目标可以轻松地一蹴可就，由出发点到达目标，最快、最有效的途径往往是一条迂回前进的路线。

迂回前进的路线才能有效地达成原拟直行的目标，这个道理，我们的老祖先早就知道了，多少耳熟能详的典故和用语都隐含其中：围魏救赵，围魏就是迂回；工欲善其事，必先利其器，利其器就是迂回；欲擒故纵，纵就是迂回；调虎离山，自己上山是目的，调虎离山则是迂回。

迂回是将帅和敌人作战时必知的兵法要领。作战的困难处，在于要以迂回的路线取代直接的路线，要在患害之中找到利益。采取迂回的路线，并且诱敌以利，要比敌人晚出发，却能比敌人先到达目的地，这就是懂得以迂为直计策的将帅。❶

以迂为直，后发先至

迂回的距离较直行远，为什么还能后发先至，比敌人晚出发却比敌人先到达目的地？这是因为迂回所走的路，是经过选择，避开了敌人、绕过了险境；距离虽较直行为远，反而能在阻碍较小的状况下迅速向前迈进。更有甚者，在军事作战上，不乏以急行军完成迂回，达到后发先至的目的。

《孙子兵法》有云："先知道迂直计谋的一方就能够得到胜利，这是两军

【典籍出处】

❶ 军争之难者，以迂为直，以患为利。故迂其途，而诱之以利，后人发，先人至，此知迂直之计者也。《孙子兵法·军争第七》

相争作战的方法。"而《孙子兵法》所教军争中治气、治心、治力、治变的要领，若不是必须静以待时，就是必须迂回而进。而若不能安全地留在原地不动，连静以待时也得借着迂回转进来达到目的。❷

美国职业篮球 NBA 对球队和球员的表现有各种统计数字，其中之一"助攻"，对赢球的重要性不亚于投篮得分和抢下篮板球。一名球员不自己直接出手投篮，而把球传给较没人防守、出手投篮有更高得分几率的队友，这样的传球可以传好几次，直到一名队友找到防守空档出手投篮；若得了分，传球给得分者的球员就算得到一次助攻。

中国的经典中没提到打篮球和助攻的迂回，但细读道、神、圣、贤经典中的心性智慧，许多都有"迂回至要"的精义在内，值得稍做介绍，以证明其运用之广。

迂回的运用

一、目标的迂回

仁义忠信，乐善不倦，这是老天爷颁赐的爵位，也就是所谓的"天爵"；人人都想要得到、公卿大夫的地位和俸禄，是人颁赐的，这是所谓的"人爵"。古人勤修仁义忠信，乐善不倦的德行，得到天爵之后，人爵自然跟着来。❸

想得到人爵，反而应该抛掉人爵的念头，瞄准天爵，向天爵迈进！这是目标的迂回！

二、手段的迂回

古代的圣王明君为求成事，都是要下一番大功夫的。始于事先详细策划，考虑清楚，再卜筮加以验证。为求集思广益，扩大共识的基础，让没有任官的

❷ 先知迂直之计者胜，此军争之法也。……故善用兵者，避其锐气，击其惰归，此治气者也。以治待乱，以静待哗，此治心者也。以近待远，以逸待劳，以饱待饥，此治力者也。无邀正正之旗，勿击堂堂之阵，此治变者也。《孙子兵法·军争第七》

❸ 孟子曰："有天爵者，有人爵者。仁义忠信，乐善不倦，此天爵也；公卿大夫，此人爵也。古之人修其天爵，而人爵从之。"《孟子·告子上》

士人也参与谋划，让割草砍柴的役夫也都做出贡献。因此，做了那么多的事，却都没有任何误筹失策的状况发生。❹

《兵经百言》这本兵书对什么是"智"，在《智部》起首就开宗明义地以如下的说明涵盖了二十八个与斗智有关的字或是招数：先、机、势、识、测、争、读、言、造、巧、谋、计、生、变、累、转、活、疑、误、左、拙、预、迭、周、谨、知、间、秘。❺

斗智用计少有一计得逞、让敌人一招毙命的！必定是准备充分，一环扣一环的连环计，也许《兵经百言·智部》所讲的二十八招都必须用上，真正做到"预布叠筹"，也真可谓是迂回到了极致了！这是手段的迂回！

三、时间的迂回

成功不是吃快餐，一想到就能立刻达成目的，是鲜少发生的！绝大多数的情境是：一心想快，不论是因而走上歧途捷径、或是偷工减料、或是忙中出错，反而离原先设定的目标愈来愈远。❻

黄石公送给张良的《黄石公素书》讲求做事要本于盛衰之道，合乎成败之数；乘治乱之势，具去就之理；而在那些兴盛、成功、平治或出仕的条件尚未具备时，就要潜居抱持着道、学本事、练功夫，等待条件成熟、时机来临！❼

一个能够做到"抱道以待其时"的人，结果会如何？《素书》进一步说明：天时到了，施展抱负，可以登上人臣的最高位，一人之下，万人之上；机会来了，乘机而动，可以成就绝代的功名大业！❽

别贪快，潜居抱道以待其时，就是时间上的迂回！

四、祸福的迂回

《道德经·第五十八章》有祸福是一先一后、接踵而至的说法："祸兮福之所倚，福兮祸之所伏。"也可以说：祸福都是迂回降临，都是披着正好相反的外衣降临！

❹ 圣王之举事，必先谛之于谋虑，而后考之于蓍龟。白屋之士，皆关其谋；刍荛之役，咸尽其心。故万举而无遗筹失策。《说苑·权谋第十三》

❺ 据兵之先，唯机与势。能识测而后争乃善。可不精读兵言以造于巧乎？至于立谋设计，则始而生，继而变，再而累，自是为转为活，为疑为误，无非克敌之法，不得以左，乃用拙。总之，预布叠筹，以底乎周谨，而运知行间，乃能合之以秘也。《兵经百言·智部》

❻ 子曰："无欲速，无见小利；欲速则不达，见小利则大事不成。"《论语·子路篇》

❼ 贤人君子，明于盛衰之道，通乎成败之数，审乎治乱之势，达乎去就之理。故潜居抱道以待其时。《黄石公素书·原始章第一》

❽ 若时至而行，则能极人臣之位；得机而动，则能成绝代之功。如其不遇，没身而已。是以其道足高，而名重于后代。《黄石公素书·原始章第一》

人有祸,心里就畏惧恐慌;心里畏惧恐慌,行为就端庄正直;行为端庄正直,思虑就成熟;思虑成熟,就能领悟出事情的道理。行为端庄正直,就不会有灾祸伤害;没有灾祸伤害,就可以享尽老天爷给的寿命。领悟出事情的道理,做事必定成功。享尽老天爷给的寿命,就能圆满高寿。做事必定成功,就能既富且贵。全寿富贵就叫做福,福因此是由祸而来的,所以说:"祸兮福之所倚"。❾

人有福,富贵就来了;富贵来了,就吃好的穿好的;吃得好穿得好,骄恣的心就产生了;产生了骄恣心,行为就邪僻,举止就背弃道理。行为邪僻,身体就早亡;举止背弃道理,做事就难以成功。对内有早亡的灾难,对外做事又不能成功,这就是大祸,祸因此是由福而来的,所以说:"福兮祸之所伏"。❿

祸福因此是穿着彼此的外衣,迂回降临的!这让我们学到:遇到祸,别惊慌,要以善心度过;遇到福,别高兴,要以静心待之。这就是祸福的迂回!

五、作战的迂回

攻伐敌国,若能屈服了敌人,却还能保全敌国的城池、军队、人民、牲畜、财货,使战胜的成果得以保全,为我所用,不使它成为我的负担,这是用兵的上策。所以不战而屈人之兵者,被认为是最高明、最会用兵的人。⓫

原要在战场上厮杀一决胜负的攻伐之事,却要不战而屈人之兵,不迂回,哪能做到?

而不论不战而屈人之兵的目标能不能达成,掀起战端、开始武伐之前,必有文伐。

姜太公对周文王说,当十二项文伐的工作都完备了,就可以用武力攻伐了;这些文伐就是作战的迂回!⓬

六、施恩的迂回

想要示好以收揽人心,如果迂回一下,不论是由于自己的促成,或是坐收外在环境演变的成果,在对方陷入困境之后再示好,则原来一分的示

❾ 人有祸，则心畏恐；心畏恐，则行端直；行端直，则思虑熟；思虑熟，则得事理。行端直，则无祸害；无祸害，则尽天年。得事理，则必成功。尽天年，则全而寿。必成功，则富与贵。全寿富贵之谓福。而福本于有祸。故曰："祸兮福之所倚"。以成其功也。《韩非子·解老》

❿ 人有福，则富贵至；富贵至，则衣食美；衣食美，则骄心生；骄心生，则行邪僻而动弃理。行邪僻，则身死夭；动弃理，则无成功。夫内有死夭之难而外无成功之名者，大祸也。而祸本生于有福。故曰："福兮祸之所伏"。《韩非子·解老》

⓫ 孙子曰：凡用兵之法，全国为上，破国次之；全军为上，破军次之；全旅为上，破旅次之；全卒为上，破卒次之；全伍为上，破伍次之。是故百战百胜，非善之善者也；不战而屈人之兵，善之善者也。《孙子兵法·谋攻第三》

⓬ 太公曰："凡文伐有十二节……十二节备，乃成武事。所谓上察天，下察地，征已见，乃伐之。"《六韬·武韬·文伐》

好在对方心中变成十分，原来十分的示好在对方心中变成百分！

唐太宗想让拥有赫赫战功的李勣（唐初大将徐世勣，字懋功，因功受赐姓李），在太子登基后辅佐新皇帝，却又担心李勣功高震主，新皇帝对他难以驾驭。年纪已经一大把的李卫公李靖建议太宗先把李勣罢黜，等太子登基后再复用李勣，这样一来，李勣对新皇帝必定感恩图报，死心塌地为其所用！⑬

李靖的"先黜再任"之计，是施恩的迂回，由太宗的罢黜李勣替太子创造日后对李勣大施浩荡皇恩的机会。以篮球术语来说：太子投篮命中得分，太宗也得到一次助功，而这些都要感谢足智多谋、精通兵法的教练李靖。这就是施恩的迂回！

七、言辞的迂回

要说服别人，让听者接受你的建议或要求，要领不在于开门见山、直捣黄龙地提出建议或要求，而在于绕道而行，铺陈布局，让听者自己想到你原要提出的建议或要求。

游说必得迂回，把真正的意图包装或掩饰起来。游说的要诀，在于懂得为听者得意的事吹嘘，而掩饰他觉得羞耻的事：他有急着想做利于自己的事，就要鼓吹那件事对大众的好处而强要他去做；他心中觉得羞耻却不能不做的事，就要吹嘘那件事的好处，细说不做的遗憾；他心中觉得高尚却做不到的事，就要举出那件事的毛病，对他的不做加以赞扬。⑭

劝谏也得迂回，用诙谐譬喻的方式来说，才能避免惹火听者。孔老夫子主张采用讽谏，用讽取代直言，就是迂回。⑮

不只开了口要迂回，没开口之前就要迂回了。要先得到国君或老板的信任，让他知道你忠心耿耿后再去劝谏，否则国君或老板就会认为你在毁谤他。⑯

而为了亲近听者，伊尹做过厨子，百里奚曾身为奴隶，这两个人都是圣人，也不能不屈就低下的工作，以求晋用。⑰

这样的迂回，也真是鞠躬尽瘁了！这就是言辞的迂回！

❸ 太宗曰:"卿尝言李勣能兵法,久可用否?然非朕控御,则不可用也。他日太子治,若何御之?"靖曰:"为陛下计,莫若黜勣,令太子复用之,则必感恩图报,于理有损乎?"太宗曰:"善!朕无疑矣。"《唐太宗李卫公问对·卷下》

❹ 凡说之务,在知饰所说之所矜,而灭其所耻。彼有私急也,必以公义示而强之。其意有下也,然而不能已,说者因为之饰其美,而少其不为也。其心有高也,而实不能及,说者为之举其过而见其恶,而多其不行也。《韩非子·说难》

❺ 三谏而不用则去,不去则身亡;身亡者,仁人之所不为也。是故谏有五:一曰正谏,二曰降谏,三曰忠谏,四曰戆谏,五曰讽谏。孔子曰:"吾其从讽谏乎。"《说苑·正谏第九》

❻ 子夏曰:"君子信而后劳其民;未信,则以为厉己也。信而后谏;未信,则以为谤己也。"《论语·子张篇》

❼ 伊尹为宰,百里奚为虏,皆所以干其上也。此二人者,皆圣人也,然犹不能无役身以进,如此其污也。《韩非子·说难》

八、领导的迂回

当商汤向伊尹请教如何才能取得天下时,伊尹的答复是:"如果一心只想取得天下,天下是不可能取得的;要想取得天下,首先要把自身治理好。"[18]

孔老夫子也曾阐述身教的道理:在上位的人自己做人处世行得正,不必发号施令,在下位的人就把事情做好了;自己做人处世不正,就是发号施令,在下位的人也不会听从去把事情做好。[19]

要领导别人,让众人跟着你走,要领不在于对众人发号施令,而在于自己先把该做的事做好,树立表率。这就是领导的迂回!

迂回至要,正言若反

天下最真实的道理,听起来都像是在说反话,这是所谓的"正言若反"——是贯穿整本《道德经》的主轴。[20]

"迂回至要"正是"正言若反"观念的实例:"迂回至要"——迂回才是两点之间最短的距离,乍听之下,好像反话,其实却是真理!

有趣的是,"正言若反"也是的"迂回至要"观念的实例:听来像反话的话,当我们迂回地先抹去表面那层沙,就能发现展现在眼前的真理了!

要在若反的言辞中找到正言,要走完迂回的途径达到目的,都需要耐心。但当我们耐心走完迂回的道路,在眼前的就是那衷心期待的结果,是直捣黄龙可能得不到的结果——那花了心血多走的脚程绝对是值得的!

❶❽ 汤问于伊尹曰:"欲取天下若何?"伊尹对曰:"欲取天下,天下不可取。可取,身将先取。"《吕氏春秋·先己》

❶❾ 子曰:"其身正,不令而行;其身不正,虽令不从。"《论语·子路篇》

❷⓪ 天下柔弱莫过于水,而攻坚强者莫之能胜。以其无以易之。故柔胜刚,弱胜强,天下莫不知,莫能行。故圣人云:受国之垢,是谓社稷主;受国不祥,是为天下王。正言若反。《道德经·第七十八章》

第十二篇 · 知所先后

先王处世慎重的地方，贵在分清先后次序！

敲定做不同事情的先后次序，
是西方管理学中"时间管理"的重要观念，
而本末不分，先后倒置，正是导致今世混乱之因。
分辨本末先后的智慧，早已隐含在经典教诲中，
只要循着正确的先后次序，成功八九不离十！

本末先后的黄金原则

人生的每一刻都在做选择，都在决定优先次序。因为每个人一生中想做的事很多，每天要做的事很多，但时间、精神、资源有限，不可能事事做，不可能所有事同时做，所以在开始做任何事前，一定要有所选择。在开始做任何事前，一定要敲定先后次序。

敲定做事的先后次序，是生活在忙碌工商社会中的现代人，天天在做、时时在做的事；也是西方管理学"时间管理"（Time Management）中重要的观念。

一般人忽略的是，这个分辨本末先后的智慧，咱们的老祖宗在三千年前就已经以白纸黑字、写得清清楚楚了："物有本末，事有终始，知所先后，则近道矣。"（《大学·经一章》）

做事若能抓住根本，经过十天的努力，必定有所成就；如果只抓住细微末节，则虽然努力，也必定徒劳无功。国君功成名就，一定是由掌握事物的根本而来，一定是得到贤者的点化而来。若不是贤者，怎能知道事物的变化？所以经典认为：治国的根本在于延揽贤者，这是任何身为国君者应设定为先后次序第一位的事项。❶

而《潜夫论》有《务本第二》专篇，除了主张治理国家的大要，没有比抑制细微末节而致力于根本更好的了，没有比背离根本而修治细微末节更坏的了；并进一步明白指出治国的根本内容在富民、正学，而圣明国君治国的方法，就是要以富民、正学作为国家太平的基础，招来吉祥的征兆。❷

国君治国有本末，士、农、工、商各行各业亦然。《潜夫论》接着花了甚多篇幅，列举出富民、百工、商贾、教训、辞语、列士、孝悌、人臣等的本末，苦口婆心说明当时社会各方面本末错置的现象，也彰显"务

【典籍出处】

❶ 求之其本，经旬必得；求之其末，劳而无功。功名之立，由事之本也，得贤之化也。非贤其孰知乎事化？故曰其本在得贤。《吕氏春秋·本味》

❷ 凡为治之大体，莫善于抑末而务本，莫不善于离本而饰末。夫为国者以富民为本，以正学为基。……故明君之法，务此二者，以为成太平之基，致休征之祥。《潜夫论·务本第二》

本"——掌握正确本末先后——在道、神、圣、贤心目中的重要地位！❸

大人之学的进程

《大学》是本 How to Book，说明想成为一个有道德的人，想从政，该如何依阶段按部就班、循序渐进地做。除了"物有本末，事有终始，知所先后，则近道矣"这段话明白地宣示了认清本末先后的黄金原则，更在几件特定事情上明确地指出孰先孰后，本末终始的各个阶段。

《大学》讲三纲领，是由人的内在看进德修业的三个阶段：始于明明德，再做到亲民，最后止于至善。❹

《大学》又讲八条目，以另一个角度看一个人进德修业后，外现彰显的八个阶段：格物、致知、诚意、正心、修身、齐家、治国，最后到平天下。❺

《大学》更挑明了说：人生事千千万万，而其中最基本的，应该放在人生第一位的就是修身。基本功夫混乱而末节的事情能够奏效是绝对不可能的；忽视那应该被重视的事，却重视那应该被忽视的事，而想要有好的结果，也是从来没有的事！❻

整本《大学》围绕着本末先后，都在讲大人之学的进程。

做人处世的先后之序

"知所先后"四个字，挂在嘴上不难，读过几遍《大学》的人都可以朗朗上口。但是，知所先后的困难处，在于正确地决定什么事该先，什么事该后。若知道要知所先后，也排出了先后次序，却是错误的次序，结果将是一塌糊涂，离道愈来愈远，离正确的目标和结果愈来愈远！

❸ 夫富民者以农桑为本，以游业为末。百工者以致用为本，以巧饰为末。商贾者以通货为本，以鬻奇为末。……教训者以道义为本，以巧辩为末。辞语者以信顺为本，以诡丽为末。列士者以孝悌为本，以交游为末。孝悌者以致养为本，以华观为末。人臣者以忠正为本，以媚爱为末。《潜夫论·务本第二》

❹ 大学之道，在明明德，在亲民，在止于至善。《大学·经一章》

❺ 古之欲明明德于天下者，先治其国；欲治其国者，先齐其家；欲齐其家者，先修其身；欲修其身者，先正其心；欲正其心者，先诚其意；欲诚其意者，先致其知；致知在格物。物格而后知至，知至而后意诚，意诚而后心正，心正而后身修，身修而后家齐，家齐而后国治，国治而后天下平。《大学·经一章》

❻ 自天子以至于庶人，壹是皆以修身为本。其本乱而末治者否矣；其所厚者薄，而其所薄者厚，未之有也。《大学·经一章》

不选择经典中所阐述的先后次序来做人处世，就不能够做一个经典期许的人！所幸随手翻开一本经典，都可以找到道、神、圣、贤所教导我们做人处世的先后之序，有些讲的是原则，更多的是直接讲出什么是本、是首要的事，什么是末、是次要和随后的事。

君子的进德修业、由凡入圣是有顺序的，像远行，要由近而远，像登山，要由低而高。《中庸》引用《诗经·小雅·常棣》所云："妻子儿女，个个欢喜和合，如同琴瑟和鸣，奏出温馨的乐章。进而兄弟和睦融洽，同心协力，和气快活。这样就能家庭和顺，妻子儿女子孙美满幸福。"孔老夫子也赞美："做到这样，父母自然顺心，感到安慰！" ❼

《中庸》强调的是：进德修业始于人伦，由家庭做起，依夫妇、兄弟、家庭、国家、天下的次序，由近而远，由低而高。

《论语》以不同的说法，告诉我们同样的意思：一个人能够孝顺父母，敬重兄长，却会冒犯位高年长的人，是少之又少的；不会冒犯位高年长的人，却会做出违反道理作乱的事，是不会有的。君子在根本上下工夫，根本建立了，道自然而生。所以说，对父母尽孝，对兄弟姊妹友爱，是建立仁最根本的功夫了！ ❽

孟老夫子告诉我们：有智慧的人，没有事不知道，但必须把当前紧要的事先做完；仁德的人没有人是他不爱的，但以先亲近贤能的人为急务；以尧舜的智慧也不能尽知一切的事，只能先处理重要的事。以尧舜的仁德，也不能尽爱所有的人，只能先亲近贤能的人。不能守三年之孝的人，却细察那三个月缌服和五个月小功服的事，就像吃饭时狼吞虎咽，却注意不该用牙齿咬断肉干的小节，这就是不知轻重缓急了！ ❾

《说苑》告诉我们：领导人首要的工作是尊敬贤德的人，待之以礼，任用他们的长才。❿

国君是不是能行道，取决于他由所受到的熏染学习中，有没有领悟和掌握到最关键、先后次序上最重要的事。所以古代善于做国君的，致力于挑选和任

❼ 君子之道，辟如行远必自迩，辟如登高必自卑。《诗》曰："妻子好合，如鼓瑟琴。兄弟既翕，和乐且耽。宜尔室家，乐尔妻孥。"子曰："父母其顺矣乎！"《中庸》

❽ 有子曰："其为人也孝弟，而好犯上者，鲜矣；不好犯上，而好作乱者，未之有也。君子务本，本立而道生。孝弟也者，其为仁之本与！"《论语·学而篇》

❾ 孟子曰："知者无不知也，当务之为急；仁者无不爱也，急亲贤之为务。尧舜之知，而不徧物，急先务也；尧舜之仁，不徧爱人，急亲贤也。不能三年之丧，而缌小功之察；放饭流歠，而问无齿决，是之谓不知务。"《孟子·尽心上》

❿ 人君之欲平治天下而垂荣名者，必尊贤而下士。《说苑·尊贤第八》

用人才，而不介入治国的日常事务，这是他们掌握了治国的正确方法和先后次序。不善于做国君的，劳神伤身，费尽心机，耳目辛苦，结果国家反而愈来愈危险，自身也愈来愈受屈辱，这是他们不懂治国的正确方法和先后次序。不懂要领，没有用对人，所受的熏染就不会得当，熏染不得当，又如何能行道呢？❶

道、神、圣、贤经典的每项心性智慧，告诉后人该做什么、不该做什么，都有先后次序的教诲隐含其中，读经典时可别忽略了！

不知本末先后，就不是块料！

一个人对不可以停止的事竟然停止了，那对他而言，也就没有什么事是不能停止的了！一个人对应该厚遇的人竟然予以薄待，那对他而言，也就没有什么人不能薄待的了！同理延伸，求学做事上，进步太快的人，一定没有打好根本的功夫，没有扎实的基础，没有顾到基本面；一旦他后退起来，也一定最快！❶

君子对禽兽草木的爱，应该依阶循序而上，否则便是本末倒置，反而是不仁了；对人民应该仁爱，却没有对家人的亲情。所以正确的次序是：先亲爱自己的家人，再推及到仁爱人民，仁爱人民之后，再推及到爱惜禽兽草木。❶

当一个人爱物甚过爱生命，当一个人爱小猫、小狗等宠物甚过爱人，当一个人爱陌生人甚过爱亲人，我们由这个人的不知本末先后，就知道他出大问题了！如果能在先后次序上做出正确的选择，努力做下去，一定会得到好结果！

爱护人民、为人民谋福利、增加人民的财富、使人民得到安定，这四项都是由道所产生的。称帝称王的人用了它，天下便太平。要称帝称王的人，应该先了解事情的先后次序；把人民和土地放在优先的地位，那就对了！把尊贵和骄傲放在优先的地位，那就错了！所以先王处世慎重的地方，贵在分清先后次序！❶

❶❶ 行理生于当染，故古之善为君者，劳于论人，而佚于官事，得其经也。不能为君者，伤形费神，愁心劳耳目，国愈危，身愈辱，不知要故也。不知要故则所染不当，所染不当，理奚由至？《吕氏春秋·当染》

❶❷ 孟子曰："于不可已而已者，无所不已；于所厚者薄，无所不薄也。其进锐者，其退速。"《孟子·尽心上》

❶❸ 孟子曰："君子之于物也，爱之而弗仁；于民也，仁之而弗亲。亲亲而仁民，仁民而爱物。"《孟子·尽心上》

❶❹ 枢言曰：爱之、利之、益之、安之，四者道之出。帝王者用之，则天下治矣。帝王者，审所先所后；先民与地，则得矣；先贵与骄，则失矣。是故先王慎贵在所先所后。《管子·枢言第十二》

孰先孰后？结果大不同！

下面一些对比的例子，说明不论任何事，先后次序选择不同，结果就大不相同！

把花费在无益项目上的费用移到有益项目，做的事就会成功；把花费在宴饮欢乐上的时间移作听讲学习，智慧就会增长；把相信邪道的意念移作相信圣贤，就可以明白大道；把喜好财色的心移作喜好仁义，就可以建立德行；把算计利害的私心移作算计是非，就可以培养精气。国君把供养小人的银两移作供养君子，国家就会安定；把献给异族求和的资财充实国防，兵力就会充足；把保卫自己身家的念头移作保卫百姓，百姓就会平安。❺

再者，在体面和廉耻之间，应该选择廉耻；在以医药养生和调养性情养生之间，应该选择调养性情；在广结党羽和以信义示人之间，应该选择以信义示人。作威作福，不如笃守至诚；多讲话，不如留心细微之处；建立广博的声誉，不如端正心念；喜好奢华，不如重视清誉；留下广大田宅，不如留下义理的教诲。❻

而孟老夫子更为后世留下儒家思想下人生成功的黄金律：修天爵，而人爵从之。天爵是本、是始、是主轴，人爵是末、是终、是从；只要勤修天爵，人爵必定随之而来！孟老夫子感叹当时之人修天爵，以便得到人爵；得到人爵后得意之余，就抛弃了天爵，真是迷惑之极，因此难逃覆亡的结果！❼

而当今世人根本不修天爵；侥幸到手的人爵当然只是昙花一现、过眼云烟，身败家亡也就不足为奇了！

经典阐述本末先后，几乎无所不包，真是拣到就是宝！学到就受益无穷！

❺ 移作无益之费以作有益，则事举。移乐宴乐之时以乐讲习，则智长。移信邪道之意以信圣贤，则道明。移好财色之心以好仁义，则德立。移计利害之私以计是非，则养精。移养小人之禄以养君子，则国治。移输和戎之资以输军国，则兵足。移保身家之念以保百姓，则民安。《格言联璧·惠言》

❻ 护体面，不如重廉耻。求医药，不如养性情。立党羽，不如昭信义。作威福，不如笃至诚。多言语，不如慎隐微。博声名，不如正心术。恣豪华，不如乐名教。广田宅，不如教义方。《格言联璧·持躬》

❼ 孟子曰："有天爵者，有人爵者。仁义忠信，乐善不倦，此天爵也；公卿大夫，此人爵也。古之人修其天爵，而人爵从之。今之人修其天爵，以要人爵；既得人爵，而弃其天爵。则惑之甚者也，终亦必亡而已矣。"《孟子·告子上》

今世混乱，正因本末倒置

历史上，人类的所作所为失去了本意，造成本末不分、先后倒置的例子很多。即使在古代，就已经令人感叹：耕作原是为了收成五谷，以为养生之用，读书原是为了明白道理，这是耕、读的本来原因；但到了后世，耕、读却成了谋取富贵的工具。衣服是用来遮体的，食物是用来充饥的，这是衣食实用的目的；时下的人却藉衣食攀比豪奢！❶⑧

但是，本末不分、先后倒置，再也没有像今世这么多的了！

民主政治下，投票选出来的国家领导人步履蹒跚，多少挟压倒性选票当选的国家领导人，面对国家社会的问题束手无策，一任还没做完，就由明星宠儿变成过街老鼠。原因很简单：原本是手段的选举变成了目的，原本是目的的治国却被抛诸脑后，早已没有政治人物肯潜心下工夫学习治国的本领！《围炉夜话》所言值得深思：

> 人皆欲贵也，请问一官到手怎样施行？人皆欲富也，且问万贯缠腰如何布置？

精明干练的企业家在栽培子女时，重西方专业，轻中国经典，所以在集团企业主往生之后，子女恶形恶状争夺家产屡见不鲜，坐实了《小窗幽记·集醒篇》的感叹：

> 金帛多，只是博得垂死时子孙眼泪少，不知其他，知有争而已。金帛少，只是博得垂死时子孙眼泪多，亦不知其他，知有哀而已。

❶ 耕所以养生，读所以明道，此耕读之本原也，而后世乃假以谋富贵矣。衣取其蔽体，食取其充饥，此衣食之实用也，而时人乃借以逞豪奢矣。《围炉夜话》

这些有权有势有钱的人，并非不知道设定先后次序的重要，却都错设了先后次序，结果和不知道设定先后次序的重要没有差别！

以其所不爱及其所爱

21世纪的今天，世界局势混乱，天灾人祸频仍，究其原因，就是人类在选择本末先后的次序上发生严重的偏差。金钱货币原本是为了便利货物流通买卖而立的，货物为本，金钱货币为辅；但今天的资金流自成一个庞大的游戏，多次金融海啸由此而来！可以预言：若不调回正确的本末先后次序，更多的金融海啸必定再来，原本为辅的金钱货币反而可能拖垮人类文明！

然则，是谁在决定社会的本末先后次序？古代专制帝王时代下，社会上本、末之消长全取决于国君，不是居在下位的人民所能改变的。人民随国君的喜好，追逐利益以求生存。所以国君如果务本，则即使是虚假伪装的人也会回到根本，国君如果追逐末事，那即使是忠厚严肃的人也会趋向末事。在今世专制帝王不再的多元社会，国家领导人、有权、有势、有钱、有名者和各类媒体，取代了过去的国君，成为社会本末先后次序的决定者。[19]

战国时代的梁惠王为了争夺土地，牺牲人民的生命，送他们上战场，吃了大败仗，还要继续打下去，又恐怕不能打胜，所以遣送所爱的子弟去送死；结果东败于齐国，太子申战死，孟老夫子称之为"以其所不爱及其所爱"——笨到、傻到、蠢到、昏昧到先顾他所不该爱的，再推及到他所爱的！[20]

无视经典所教正确的本末先后次序，舍本逐末，愈陷愈深，正是"以其所不爱及其所爱也"！国家领导人、有权、有势、有钱、有名者和各类媒体慎之！戒之！

❶⓽ 夫本末消息之争，皆在于君，非下民之所能移也。夫民固随君之好，从利以生者也。是故务本则虽虚伪之人皆归本，居末则虽笃敬之人皆就末。《潜夫论·务本第二》

❷⓿ 孟子曰："不仁哉，梁惠王也！仁者以其所爱及其所不爱，不仁者以其所不爱及其所爱。"公孙丑曰："何谓也？""梁惠王以土地之故，糜烂其民而战之，大败，将复之，恐不能胜，故驱其所爱子弟以殉之，是之谓以其所不爱及其所爱也。"《孟子·尽心下》

第十三篇·正名定分

名定则物不竞，分明则私不行。

当今社会多元随性，往往紫之夺朱横行，
名实不副，则人偏、事危、物倾，社会必乱，
鱼目混珠、挂羊头卖狗肉的现象随处可见。
要拨乱反正，重建人的价值和生活的重心，
必须回到根源，由正名定分做起。

旧字新解：名分混乱

名分混乱，世道没有不混乱的；见微知著，且举几例为证。

当年媒体称东北军领袖张作霖"张大帅"，他的儿子张学良"张少帅"，二次大战盟军统帅的美国艾森豪威尔将军（Dwight D. Eisenhower）"艾帅"、英国蒙哥马利元帅（Bernard Law Montgomery）"蒙帅"；今天媒体则动不动就对演艺明星冠以"帅"字称号，如潘帅、裴帅，"帅"字有了新时代的意义，价值却不可同日而语。

消费者吃了超过五十年的台湾名产"凤梨酥"，原来里面根本没有凤梨馅，根本不是用凤梨为原料做的——有的只是冬瓜馅！台中市一整条街卖太阳饼的商店都挂着"买一送一"的广告布条；买了才知道，说的是"买一盒三十片的送一包五片的"！

过去传统的律师、会计师自重自爱，在提供专业服务时，心中总是考量到公共利益，与服务对象的关系庄严特殊，所以被服务的对象称为"当事人"，收取的服务费称为"公费"。当下社会的律师、会计师商业挂帅，满口谈的是他们的"顾客""客人"和"客户"，还有收取的"报酬""酬金"和"薪资"，听了刺耳！而社会角色和专业内涵也已经是云泥之别了！

上述例子，看似"旧"字"新"解，其实是名分混乱；这些难以计数的名分混乱事例，正一点一滴地侵蚀着社会的架构和价值！

名，区别本质，界定范畴

为什么要有名？为什么要定名？原来，名是用来区别本质不同的人、事、物，用来界定相异概念的范畴。

内心明白了某种道理，不借助语言，难把这个道理说出来；把某种事物用一个名称规定下来，不借助语言，难把它和别的事物区别开来。不借助语言表达内心的思想，就无法和别人沟通交流；不借助名称来区别事物，就无法显现你对事物本质的认识。❶

推本就源，并不是事物本来就有名号称谓，也不是道理本来就有固定的概念范畴。而是为了区别事物的本质，才必须规定不同的名号称谓；要传达内心的思想，才必须确定一定的概念范畴。道、德、仁、义、礼、智、信等的概念范畴，都是这样来的。❷

由此看来，古人若不曾定名，知识难以传承，文明难以孕育。定名之于人类，贡献大矣！

正名：寓褒贬，分善恶

"正名"是孔老夫子的重要思想，是拨乱反正的原则，也是社会有序的条件，他作《春秋》，便是为了正名，寓褒贬，分善恶。

当孔老夫子前往卫国时，卫君辄年纪只有十六、七岁，想任用孔老夫子，所以子路问孔老夫子："卫君待子而为政，不知道夫子要从什么地方先下手？"孔老夫子因为辄的父亲蒯聩流亡国外，而自己在国内为君，名分不正，因而说：

【典籍出处】

❶ 夫理得于心，非言不畅；物定于彼，非言不辩。言不畅志，则无以相接；名不辩物，则识鉴不显。《反经·定名四十》

❷ 原其所以，本其所由，非物有自然之名、而理有必定之称也。欲辩其实，则殊其名；欲宣其志，则立其称。故称之曰道、德、仁、义、礼、智、信。《反经·定名四十》

"必也正名乎！"却被子路误以为迂腐。❸

孔老夫子再为子路开示："如果名不正，说话就不能顺理；说话不能顺理，做事就不能成功；做事不能成功，礼乐教化就不能兴盛；礼乐教化不能兴盛，刑罚就不能用得适当；刑罚不能用得适当，人民会像手足无措一样，不知如何是好。所以君子名正了就能说得出道理来，说得出道理来必定可以行得通。君子对自己说出的话，是从来不苟且随便的。"❹

孔老夫子对子路所讲的这番话，对当世那些误以为"正名"等同迂腐、"不正名"才是权宜、创新、聪明的无知之徒，该是醍醐灌顶、当头棒喝！

国君运用治术，首先要注意名义。名义适当，事物才能确定，名义不适当，事物就偏差了。所以圣人用静虚的态度掌握治术，使名义自然适当，使事情自然确定。不轻易显露神态，臣子无从捉摸矫饰，自然就朴素方正。❺

对臣子依才能任以官职，让他们自己去治理；就言论赋予任务，使他们自己去办理；然后以法监督他们，使他们都能完成自己的职责。国君依臣子的名声举用他们，如果对他们的名声了解不够，就要反转来用事实考验他们。❻

针对事实和名声考验比较的同异，就要对臣子施以赏罚；赏罚若能确切，臣子才会效忠尽力。❼

国君和臣子的操作是不相同的：臣子向国君求取名义，国君切实控制名义，臣子效忠尽力；当名义和事实相验符合，君臣上下便和谐融洽。❽

全国各种名义和事实都能互相契合，人民就会按着本分做事。若是不依循这个治术而另寻他法治国，那就是迷惑到极点了！❾

不同，就必须分

有不同的名，所以有不同名分；而名之外的其他事物，也各有分别，所以性有性分、职有职分、势有势分。其中性分、职分是自己掌握的，自己掌握的

❸ 子路曰："卫君待子而为政，子将奚先？"子曰："必也正名乎！"子路曰："有是哉？子之迂也！奚其正？"《论语·子路篇》

❹ 子曰："野哉由也！君子于其所不知，盖阙如也。名不正，则言不顺；言不顺，则事不成；事不成，则礼乐不兴；礼乐不兴，则刑罚不中；刑罚不中，则民无所措手足。故君子名之必可言也，言之必可行也。君子于其言，无所苟而已矣。"《论语·子路篇》

❺ 用一之道，以名为首。名正物定，名倚物徙。故圣人执一以静，使名自正，令事自定。不见其采，下故素正。《韩非子·扬权》

❻ 因而任之，使自事之。因而予之，彼将自举之。正与处之，使皆自定之。上以名举之，不知其名，复修其形。《韩非子·扬权》

❼ 形名参同，用其所生。二者诚信，下乃贡情。《韩非子·扬权》

❽ 君臣不同道：下以名祷，君操其名，臣效其形，形名参同，上下和调。《韩非子·扬权》

❾ 周合形名，民乃守职。去此更求，是谓大惑。《韩非子·扬权》

一定要尽其在我；名分、势分是在上者所赐的，对在上者赐予的一定要收敛自守、守着分寸。❿

既有分，就有际，就有界限；就有本分——界限之内，和分外——界限之外。

古人认为"本分"二字，妙不可言！做人处世若是守着本分，不越矩跨过红线，则不会犯任何错，不会对自己有任何的伤害。古代圣明的国君治理国家，重点就在让人民都知道本分；人民知道自己的本分，则对任何事，包括荣、辱、死、生，就不会存有非分之想，不会妄行妄为去追求，当得不到时也不会有所怨恨。⓫

知道本分，就不会做伤天害理的事。子弑父，是因为儿子不知道自己的本分；臣弑君，是因为臣子不知道自己的本分。⓬

讲求名分，而每个人知道自己本分、持守自己本分的社会，是经典所鼓吹大道通行于世的社会。当大道通行于世，贫贱的人不会怨恨自己贫贱，富贵的人不因富贵骄恣妄为，愚弱的人不因愚弱而畏惧，智勇的人不藉智勇欺压他人；这是因为名分已经确定的缘故。而当法治通行于世，贫贱的人不敢怨恨富贵的人，富贵的人不敢欺压贫贱的人，愚弱的人不敢期望升到智勇，智勇的人不敢鄙视愚弱的人；这就是法治比不上道治的地方！⓭

现今已少有人提到"本分"二字了！细读经典对本分的阐述，该会恍然大悟，原来失去了本分的观念，竟是当今世乱的原因啊！

谨守分际，齐心戮力

从国家的政府团队、领导班子，到企业的经理部门，到各项职业运动的队伍，团队成员职分界定，各守本分，各司其责，尽好自己的职责，也让其他人尽好他们的职责，是团队齐心合力、要共同成功地完成一件工作的首要条件。古代的圣王明君就是这样建立起安和乐利的社会。

❿ 性分、职分、名分、势分，此四者，宇内之大物。性分、职分在己，在己者不可不尽；名分、势分在上，在上者不可不守。《呻吟语·修身》

⓫ "本分"二字，妙不容言。君子持身不可不知本分，知本分则千态万状一毫加损不得。圣王为治，当使民得其本分，得本分则荣辱死生一毫怨望不得。《呻吟语·修身》

⓬ 子弑父，臣弑君，皆由不知本分始。《呻吟语·修身》

⓭ 道行于世，则贫贱者不怨，富贵者不骄，愚弱者不慑，智勇者不陵，定于分也。法行于世，则贫贱者不敢怨富贵，富贵者不敢陵贫贱；愚弱者不敢冀智勇，智勇者不敢鄙愚弱，此法之不及道也。《尹文子·大道上》

一、为治，必先定分

治理国家必须先确定名分。君居君位，臣居臣位，父居父位，子居子位，夫居夫位，妻居妻位，这六种人各就各位，则在下位的人不会逾越礼法，在上位的人不会随意而行，晚辈不会凶暴邪僻，长辈也不会轻忽怠慢了。❶

金木功能各异，水火用途有别，阴阳本性不同，但对人们有利这一点是相同的。所以，像君、臣、父、子、夫、妇等不同的名分是用来促成人们共同欲求的实现，而人们共同欲求的存在则又端正了各种名分的确立。相同和差异的区分，尊贵和卑贱的分别，长辈和晚辈的伦理序列，正是先王慎重看待的，也是国家安定或动乱的关键。❶

治理国家必须审查根本，根本弄不清，即使是帝尧或帝舜也不能把国家治理好；所谓治理国家的根本，说的就是确定名分。❶

二、人各有其责，物各有所属

治国的礼分已定，则人主宰相臣下百吏，各自谨慎他所听闻的，不求听闻他不能听到的；各自谨慎他所见到的，不求看见他不能看见的。所听闻的和所看见的，都齐整而不逾越，则虽然悠闲隐蔽的，百姓也不敢不尊敬名分安守制度，以接受在上者的教化治理，这是国家大治的征兆。❶

在谨守自己的分寸上，孔老夫子还认为：不在这个职位上，就不要参与谋划这个职位上的政事。❶

古代先王运用不属于自己的，就像是运用自身所有的一样，这才是精通为君之道啊！大凡为国君的，应该心处清虚，谨守朴素，智慧深藏看似无智，所以能够使用众人的智慧；因为他不用智慧，回归到看似无能的状态，所以能够使用众人的才能；因为他没有执着而且无为，所以能够借重众人的作为。这无智、无能、无为，正是国君所必须坚守的。❶

但昏惑的国君却不是这样，他们硬要以一己的智慧逞精，以一己的能力逞

❹ 凡为治必先定分。君臣父子夫妇六者当位,则下不踰节而上不苟为矣,少不悍辟而长不简慢矣。《吕氏春秋·处方》

❺ 金木异任,水火殊事,阴阳不同,其为民利一也。故异所以安同也,同所以危异也。同异之分,贵贱之别,长少之义,此先王之所慎,而治乱之纪也。《吕氏春秋·处方》

❻ 本不审,虽尧、舜不能以治。……其本也者,定分之谓也。《吕氏春秋·处方》

❼ 治国者,分已定,则主相臣下百吏,各谨其所闻,不务听其所不闻;各谨其所见,不务视其所不见。所闻所见,诚以齐矣。则虽幽闲隐辟,百姓莫敢不敬分安制,以化其上,是治国之征也。《荀子·王霸第十一》

❽ 子曰:"不在其位,不谋其政。"《论语·泰伯篇》

❾ 先王用非其有,如己有之,通乎君道者也。夫君也者,处虚素服而无智,故能使众智也;智反无能,故能使众能也;能执无为,故能使众为也。无智、无能、无为,此君之所执也。《吕氏春秋·分职》

能，以一己的作为逞强；这样就是把自己逼退到臣子的职位上去了。退居到臣子的职位而还想视听不闭塞，就是圣明的帝舜也做不到啊！❷

更何况，事情没有定分，就没有明确的分工，每个人都推诿责任，则任何事情都做不成；物没有定分，就没有所属，每个人都想满足私欲，则任何东西都成为相争的标的。㉑

所谓的分，就是人各有其责、物各有所属，这样就可以平息人的奸、懒、贪、得之心，使事能循道理而行，人能依人情而处。分能确定，虽然有上万人同时相处做事，也不必说一句话。定分是修身、齐家、治国、平天下首要的工作，即使是帝尧、帝舜、大禹、商汤、周文王和周武王那样圣明的贤君，也不能不先定分啊！㉒

三、领导者守分，成就圣明

周武王的辅佐大臣有五位。五个人所做的职事武王一件也不会做，然而世人都说："取得天下的是武王！"㉓

这样就像说到马一样，让懂马的伯乐去相马，让善驾的造父去驭车，贤明的君主只要轻轻松松坐在马车上，就能日行千里；没有相察和驾驭的辛劳，却有日行千里的功效，这就是懂得骑乘马匹的道理了。㉔

再譬如今日邀宴客人，饮酒酣畅，又有歌舞鼓瑟吹竽助兴，第二天客人不拜谢使自己快乐的倡优，而拜谢邀宴的主人，因为是主人使倡优演奏表演的。巧匠建造宫室，画圆一定要用圆规，画方一定要用矩尺，取平直一定要用水准墨线。等宫室盖好了，业主不问圆规、矩尺和水平墨线，而只赏赐巧匠。宫室落成了，人们不问巧匠，而都说："盖得好！这是某君某王的宫室。"㉕

由此看来，治国之本，就在于确定分，而领导人最后仍然独享伟大之名，有智慧的领导人何乐不为？治国大事如此，其他任何事——那些比治理国家小得多的事——当然也是如此！企业领导人、单位负责人、带领众人的人，何乐不为？

❷⓿ 人主之所惑者则不然，以其智强智，以其能强能，以其为强为，此处人臣之职也。处人臣之职而欲无壅塞，虽舜不能为。《吕氏春秋·处方》

㉑ 事无定分，则人人各诿其劳而万事废；物无定分，则人人各满其欲而万物争。《呻吟语·治道》

㉒ 分也者，物各付物，息人奸懒贪得之心，而使事得其理，人得其情者也。分定，虽万人不须交一言，此修齐治平之要务，二帝三王之所不能外也。《呻吟语·治道》

㉓ 武王之佐五人。武王之于五人者之事无能也，然而世皆曰："取天下者武王也。"《吕氏春秋·分职》

㉔ 夫马者，伯乐相之，造父御之，贤主乘之，一日千里，无御相之劳而有其功，则知所乘矣。《吕氏春秋·分职》

㉕ 今召客者，酒酣，歌舞鼓瑟吹竽，明日不拜乐己者，而拜主人，主人使之也。……巧匠为宫室，为圆必以规，为方必以矩，为平直必以准绳。功已就，不知规矩绳墨，而赏匠巧匠之。宫室已成，不知巧匠，而皆曰："善。此某君某王之宫室也。"此不可不察也。《吕氏春秋·分职》

名实不副，必乱

名确定，人们对物就不会妄执竞争；分明确，人们的私欲就无从遂行。对物不妄执竞争，不是没有竞争之心，而是物的名已确定，竞争之心无处可用；不遂行私欲，不是没有欲望，而是分已确定，私欲无处可用。然则，竞争之心、私欲之念人人有之，能处于不妄执竞争、不遂行私欲的境界，都是因为有道的驾驭影响！❷

一只兔子在奔跑，后面有一百个人追捕，不是因为兔子可以为百人所得而分之，而是兔子谁属的名分还未定。在市集卖兔子的人很多，但盗贼不敢去抢他们的兔子，是因为兔子谁属的名分已经确定。所以如果事物的名分还没有确定，就是圣明如尧舜禹汤也会像奔马一样去追逐；名分已经确定，就是婪贪的强盗也不敢夺取。❷

当法令不明确，名分不确定，则天下的人都能够随便议论，人人各说一套而没有定论。国君在朝制定法令，人民在下议论纷纷，造成法令不确定，而由在下的议论纷纷取代了在上的制定法令；这就是所谓的名分不确定。若名分不确定，尧舜那样的圣君都将改变操守而去做坏事，更何况一般人呢？这就是使奸恶之事纷纷发生，国君失去威势，国家灭亡社稷毁灭的道路。❷

大凡国家纷乱，总是因为名实不当、不相符合。国君即使不肖，还是想任用贤才，还是想倾听善言。他们的祸患在于他们认为的"贤才"，其实是不肖的人；他们认为的"善言"，其实是邪僻之言；他们认为"合理的事"，其实是悖逆的事；这就是刑名失当、名称和实际不相符啊！像这样视不肖为贤才，视邪僻为善良，视悖逆为合理，要想国家不乱，自身不危，又怎么可能呢？❷

齐愍王就是个例子，他只知道国君应当好士，也自认为好士，却不知道什么

❷❻ 名定，则物不竞；分明，则私不行。物不竞，非无心，由名定，故无所措其心；私不行，非无欲，由分明，故无所措其欲。然则心、欲人人有之，而得同于无心、无欲者，制之有道也。《尹文子·大道上》

❷❼ 一兔走，百人逐之，非以兔也。夫卖者满市，而盗不敢取，由名分已定也。故名分未定，尧舜禹汤且皆如鹜焉而逐之；名分已定，贪盗不取。《商君书·定分第二十六》

❷❽ 今法令不明，其名不定，天下之人得议之，其议人异而无定。人主为法于上，下民议之于下，是法令不定，以下为上也。此所谓名分之不定也。夫名分不定，尧舜犹将皆折而奸之，而况众人乎？此令奸恶大起，人主夺威势，亡国灭社稷之道也。《商君书·定分第二十六》

❷❾ 凡乱者，刑名不当也。人主虽不肖，犹若用贤，犹若听善，犹若为可者。其患在乎所谓贤，从不肖也，所为善，而从邪辟，所谓可，从悖逆也，是刑名异充而声实异谓也。夫贤不肖、善邪辟、可悖逆，国不乱、身不危奚待也？《吕氏春秋·正名》

样的人才是"士",因此当尹文问他什么样的人才称得上是"士",愍王就无从回答了。这是不肖的公玉丹所以被愍王宠信,而邪僻的卓齿所以被愍王重用的原因!愍王重用卓齿和宠信公玉丹这样的人,岂不是为自己树立敌人吗?❸

名正国安,分偏国乱

正名的一个意义就是名实相副。名实相副,国家就治理得好;名实不副,国家就一定混乱!造成名实不副的就是邪说,邪说盛行会把不可说成可,把不然说成然,把不是说成是,把不非说成非。所以君子的言辞,只要足以说明贤者的实在表现、不肖之徒的假装冒充,就可以了;足以说明治世之所以兴盛、乱事之所以发生,就可以了;足以使人知道万物的真情,人们借以生存发展的原因,就可以了!❸

人的名分有三类:有决策治理的,有励耻督促的,有办事服务的。事的名分有两种:有事前加以指正的,有事后加以考察的。当五者都各任其人、各司其职,天下便能安定。就是因为名分正当,国家便能安定;名分偏倚,国家便会混乱;事不顾名,则万事俱废;所以古代圣王特别重视名分!❸

今世与古相比,名实不副更甚,鱼目混珠的人、事、物更多,难怪世道如此混乱了!

名分混乱,通常不是奸、懒、舍、得之人明火执杖,吵着、闹着、抢着,在众目睽睽、一瞬间内所造成的。如果名分混乱是这样来的,我们至少还会警觉,知道一个不幸的巨大改变正在发生!

反而,名分混乱的萌芽生成,通常是像温水煮青蛙,让人不痛不痒、觉得无所谓;甚至是披着美丽的外衣,让人误以为是改革、是自由、是开放、是前卫、是喊得理直气壮的世界潮流,让盲从无知者趋之若鹜,让姑息者不敢指出其弊端。名分混乱的种子就此生根发芽,时日一久,它开了花、结了果,名分

❸⓪ 齐愍王是以知说士，而不知所谓士也。故尹文问其故，而王无以应。此公玉丹之所以见信而卓齿之所以见任也。任卓齿而信公玉丹，岂非以自雠邪？《吕氏春秋·正名》

❸① 名正则治，名丧则乱。使名丧者，淫说也。说淫则可不可而然不然，是不是而非不非。故君子之说也，足以言贤者之实、不肖者之充而已矣，足以喻治之所悖、乱之所由起而已矣，足以知物之情、人之所获以生而已矣。《吕氏春秋·正名》

❸② 凡人之名三：有治也者，有耻也者，有事也者。事之名二：正之，察之。五者而天下治矣。名正则治，名倚则乱，无名则死。故先王贵名。《管子·枢言第十二》

混乱也就成了难以挽回的定数。

孔老夫子曾举出三件他厌恶的事，除了淫秽的郑国音乐混淆了雅乐、伶牙俐齿者的颠覆国家之外，他最厌恶的就是紫色鱼目混珠、夺去了朱红正色的角色。㉝

名分混乱之来，不是来自于黑的被视为白的、白的被视为黑的；而是来自于似是而非的被当成了是，正是温水煮青蛙，让一般人不痛不痒、觉得无所谓的紫色篡夺了朱红正色的地位！

名分与时势不可混淆

名分是天下人所应共守的礼法节度，正名定分则是让社会和谐共利的首要工作。

讲名分，不能把名分与时势混淆，把对名分的持守尊重和对时势的谄媚阿谀混为一谈。名分与时势本质不同，名分为本，以不变为常，所以面对名分，不敢有丝毫傲慢怠惰；时势则是外在环境，以变化为常，所以面对时势，不敢有丝毫谄媚阿谀。㉞

世上顽固不化的人，以为尊重名分就是谄媚时势，所以不肯尊名分；世上卑贱无知的人，以为谄媚时势就是尊重名分，所以露出丑陋无耻的嘴脸，谄媚阿谀时势。㉟

《呻吟语》感叹当时之人分不清名分与时势，今世之弊则还要加上：世人常以为尊重名分是食古不化、保守反动，故多以改革之名颠覆名分，还把它当作潮流。

有智慧的人，不仅能分辨名分与时势，因此持守尊重名分，不卑不亢善用时势，更能不受改革之名所惑，不盲从地追随奇巧怪异的潮流，这就是道、神、圣、贤对后人耳提面命的教战守则。

❸❸ 子曰："恶紫之夺朱也，恶郑声之乱雅乐也，恶利口之覆邦家者。"《论语·阳货篇》

❸❹ 名分者，天下之所共守者也。名分不立，则朝廷之纪纲不尊而法令不行。圣人以名分行道，曲士恃道以压名分，不知孔子之道视鲁侯奚啻天壤，而《乡党》一篇何等尽君臣之礼！乃知尊名分与谄时势不同，名分所在，一毫不敢傲惰；时势所在，一毫不敢阿谀。《呻吟语·修身》

❸❺ 固哉！世之腐儒，以尊名分为谄时势也。卑哉！世之鄙夫，以谄时势为尊名分也。《呻吟语·修身》

拨乱反正，重建正确价值观

人之所以为人，凭的是什么？凭的是人有辨别的能力。㊱

人道没有不讲辨别的；而讲到辨别，没有比正名定分更重要的了；讲到正名定分，没有比遵循礼法更重要的了；讲到遵循礼法，没有比向圣王学习更重要的了。㊲

这是老祖宗所留下、最合乎天道、最顺应人性的人与人相处之道。

篇首所指名分混乱，挂羊头卖狗肉的一些现象，是当今君不君、臣不臣、父不父、子不子、男不男、女不女世道大混乱冰山的一角。想要拨乱反正，抗拒那些奇巧怪异的时代潮流，重建人的价值和生活的重心；回到根源，由正名定分做起，是绝对必要的第一步！舍之，即无他途！

❸❻ 人之所以为人者何已也？曰：以其有辨也。《荀子·非相第五》

❸❼ 故人道莫不有辨。辨莫大于分，分莫大于礼，礼莫大于圣王。
《荀子·非相第五》

第十四篇·素位而行

在人生舞台，演好自己扮演的角色。

每个人都在群体中扮演不同的角色，
道、神、圣、贤教人素位其行，做什么，就要像什么。
读经典，能够学习角色的职责内容，
了解历史人物如何扮演他的角色。
世界就是一个舞台，让我们扮谁演谁就是谁！

做什么，要像什么

小时候曾听过一个说法，虽然不曾找到它的出处来源，但清清楚楚记得是这么说的：

中国人，做什么不像什么。只有演戏的，一看就知道是在演戏。

好毒的说法！把从事各行各业的中国人全骂进去了。这种说法，当然不是道、神、圣、贤苦心教诲后人，所希望看到的结果！

讲到做事和扮演角色，道、神、圣、贤强调的是"素位其行"：做什么，像什么。君子守着自己的分位做事，不奢求本分以外的荣华富贵；身处富贵，不骄不奢，善用其财；身处贫贱，安贫乐道，修身以待其时；身处化外之地，悠然自处，融入环境；身处患难险阻，心静神定，逆来顺受。君子是无时无地不能怡然自处的。❶

广州陈家祠曾挂着一副对联，非常贴切地反映了"素位其行"的观念：

生旦净丑是我，扮谁像谁。
喜怒哀乐由他，是也非也？

台上一分钟，台下十年功，扮谁像谁可是要有真本领的。如果没学会生、旦、净、丑的真功夫，要临时赶鸭子上架粉墨演出，恐怕也唱不出一出像样的戏码！

【典籍出处】

❶ 君子素其位而行,不愿乎其外。素富贵,行乎富贵;素贫贱,行乎贫贱;素夷狄,行乎夷狄;素患难,行乎患难。君子无入而不自得焉。《中庸》

每个人都有自己的角色

老祖先早就知道：事物各有不同才是常态；有、无，难、易，长、短，高、下，音、声，前、后，不同者同时存在，彼此相生、相成、相形、相倾、相和、相随，这是宇宙间不变的道理。❷

因此，群体中有不同的角色，而每个人扮演不同的角色是再正常而自然不过的事。

大同社会上的众生相，除了那"有分"的男和"有归"的女，还包括"有所终"的老，"有所用"的壮，"有所长"的幼，"有所养"的矜、寡、孤、独、废和疾。❸

姜太公曾为周武王说明，身为将帅者应有股肱羽翼七十二人，担任幕僚，并细说每个职务应有的人数和所负的职责，堪称三千年前、非常完整的将帅帐下组织架构图和职责说明表。❹

而儒家思想围绕人伦而生，除有角色之分，更阐述了相对角色之间应有的关系。当大禹治平水患后，后稷教人耕种，种植五谷，五谷成熟了，人民吃饱而得到养育。因为人的习性是吃饱了、穿暖了、安逸生活了，若没有礼仪教化，就会变得近于禽兽；圣人为此感到忧心，便任用契为司徒，教导人民做人的道理：父子有亲情，君臣有义礼，夫妇有分别，长幼有次序，朋友有诚信。❺

五伦——亲、义、别、序、信，是父子、君臣、夫妇、长幼、朋友这五对角色间相处的道理；即使今世各种角色推陈出新、千变万化，但最基本的核心依旧，任何互动角色间的相处，并没有推陈出新的相处之道出现，还是必须应用五伦的其中一项或几项。

❷ 天下皆知美之为美，斯恶已。皆知善之为善，斯不善已。故有无相生，难易相成，长短相形，高下相倾，音声相和，前后相随。《道德经·第二章》

❸ 大道之行也，天下为公。选贤与能，讲信修睦，故人不独亲其亲，不独子其子，使老有所终，壮有所用，幼有所长，矜寡孤独废疾者皆有所养。男有分，女有归。货恶其弃于地也，不必藏于己；力恶其不出于身也，不必为己。是故谋闭而不兴，盗窃乱贼而不作，故外户而不闭，是谓大同。《礼记·礼运第九》

❹ 太公曰："凡举兵师，以将为命。命在通达，不守一术。因能授职，各取所长，随时变化，以为纪纲。故将有股肱羽翼七十二人，以应天道。备数如法，审知命理，殊能异技，万事毕矣。"武王曰："请问其目？"太公曰："腹心一人……谋士五人……天文三人……地利三人……兵法九人……通粮四人……奋威四人……伏旗鼓三人……股肱四人……通才三人……权士三人……耳目七人……爪牙五人……羽翼四人……游士八人……术士二人……方士二人……法算二人……"《六韬·龙韬·王翼》

❺ 后稷教民稼穑，树艺五谷，五谷熟而民人育。人之有道也，饱食、煖衣、逸居而无教，则近于禽兽。圣人有忧之，使契为司徒，教以人伦：父子有亲，君臣有义，夫妇有别，长幼有序，朋友有信。《孟子·滕文公上》

学习角色的职责内容

道、神、圣、贤教人素位其行,做什么,就要像什么,也在经典中对许多角色下了定义,清楚地说明了这些角色的内涵,以及要把这些角色扮演好需要做些什么。

经典虽然没有对当时社会上所有的角色都做了说明,也不曾未卜先知地对千百年后、当今社会上为数更多的角色加以阐述,但有心由古鉴今的经典读者,仍然可以由经典对特定角色所做的说明,引申扩张到当今社会类似的角色上,揣摩出后者应有的内涵。

一、君

经典中花了多之又多篇幅来阐述的角色,就是国君。相关论述广泛深邃,可以帮助今世的任何国家领导人、企业老板、单位负责人,把人带好、把事做好、达到功成圆满!

孔老夫子对怎样做个好国君有许多论述,其中之一是这么说的:"国君的施政,最好的是以德服人,让人心自然归附,而国君就像北极星一样,在自己的位置上静止不动,让其他星辰环绕拱卫着它。" ❻

孟老夫子见梁惠王,回应惠王所问:"叟不远千里而来,亦将有以利吾国乎?"也开宗明义地揭橥了国君应该关心的施政方向是"仁义,而不是利"! ❼

论述更有组织的,如汉朝刘向所着《说苑》一书,第一卷就以"君道"为名,首段记载盲人乐师师旷对晋平公所问"人君之道如何?"是这样回应的:"做国君应该心地洁净,不受外界纷扰,也不纷扰别人,一定要对人民有广泛的怜爱同情之心,一定要选用才德超群的人才;建立各种消息管道,以了解全国各

❻ 子曰:"为政以德,譬如北辰,居其所而众星共之。"《论语·为政篇》

❼ 孟子对曰:"王何必曰利?亦有仁义而已矣。"《孟子·梁惠王上》

地的情况；不被世俗观念所束缚，不被身边的人所拘绊；要有宽阔的胸怀，远大的眼光，独立而超越众人的见识；经常考核官员的政绩，维持上对下的威严明智。"❽

师旷对"君"这个角色所做的精准诠释，正是古代国君、现在国家领导人、企业老板、单位负责人要把手下带好、事情做好必须做到的要领原则。《君道》一卷在接下去的篇幅中，又以约四十段其他国君的例子，由不同面向阐述为君之道。遗憾的是：当今世人，包括国家领导人、企业老板、单位负责人，却多凭一己的认知和经验竟为领导统御，很少有人回到《说苑·君道第一》和其他的经典中学习怎样做个成功的领导人或老板，真是可惜！实在愚蠢！

怎样才能做个成功的领导人或老板，不只见于《说苑·君道第一》这类阐述"君道"的专章、专篇、专卷；道、神、圣、贤经典在阐述别的主题时，也常常带到一些国君该做或是不该做的事，也算是在论述君道！

例一：经典谈到修身，讲到上自一国之君，下到普通老百姓，都共享一桩恒常不变的人生功课，那就是：时时不断修正自己的行为，使自己成为一个完美的人；这就点出了"贵为国君者的人生功课，也还是修身"，足为所有国君牢记在心。❾

例二：兵法讲到国君慎重其事授印拜将的将帅，在战场上是最高指挥官，为战场上发生的一切结果负责，国君即使另有命令，将帅不必、也不应接受；这就间接带出"国君不应对在战场上领军作战的将帅乱施号令"的为君之道！❿

专制帝王的时代，有幸称孤道寡而用到"君道"的人，千百万中选一，却有那么多经典篇幅谈论"君道"，除了彰显道、神、圣、贤对为国君者的高度期望，所以著书立说以阐述如何作为国家领导人，替什么是圣主明君立下标杆样板外，也是要让为国君者对自己的所作所为知所警惕，让为臣者对劝谏国君有所依循，让万千百姓对太平圣世、圣主明君之治仰首期盼！

❽ 晋平公问于师旷曰:"人君之道如何?"对曰:"人君之道清净无为,务在博爱,趋在任贤;广开耳目,以察万方;不固弱于流俗,不拘系于左右;廓然远见,踔然独立;屡省考绩,以临臣下。此人君之操也。"《说苑·君道第一》

❾ 自天子以至于庶人,壹是皆以修身为本。《大学·经一章》

❿ 孙子曰:凡用兵之法,将受命于君……途有所不由,军有所不击,城有所不攻,地有所不争,君命有所不受。《孙子兵法·九变第八》

二、臣

和"君"相对的角色是"臣"。相较于千百万中选一的君,能够为臣的人数就多得多了。经典中对臣这个角色所做的阐述,无论古今,任何有上司的人都可以拿来学习,以扮演好下属的角色。

《说苑》第二卷,以"臣术"为名,顾名思义,谈的是古代人臣侍候国君的方法。此卷开宗明义就这样说:身为人臣的做法,是顺从国君的意志,执行国君的命令,凡事不独断专行,言行合乎义礼而不任意附和别人,小心谨慎处于尊位;所做的事必须对国家有益,必须对国君有好处。如此,自己可以居于尊贵,子孙也能常保富贵。⓫

原典短短不到五十字,言简意赅,把古今中外任何人臣侍候主上的大要都涵盖了。再要详细点,人臣的行为又可分为六正、六邪,行六正,就可以得到荣耀,犯六邪,就会招来耻辱,分别会为当事者带来福与祸!⓬

行六正的臣子分别称为圣臣、良臣、忠臣、智臣、贞臣和直臣;篇幅有限,在此只以圣臣为例,其描述是这样的:这样的臣子当事情还在萌芽、苗头尚未显露、形势征兆还没有显现时,就能独自敏锐地看出存亡的预兆、得失的关键,将坏事在还没发生之前就加以排除,使国君能超然稳居天下荣耀显赫的地位,得到人民的称颂。⓭

圣臣的所作所为令人刮目相看,良臣、忠臣、智臣、贞臣和直臣的表现亦然。哪个英明的国君、聪明的老板,不希望得到这六正臣的辅佐?而哪个有志的臣子、部属、伙计,不想见贤思齐,做出与六正臣同样的表现?

读六正,见贤思齐,读六邪,则可内自省。行六邪的臣子分别是具臣、谀臣、奸臣、谗臣、贼臣、亡国之臣。以可能还不算最坏的具臣为例,对他的描述是这样的:这样的臣子,空占官位、贪享俸禄、经营私利、不理公事,有才智却不贡献,有能力却不使用,国君渴望有人出谋献策,他却仍不肯贡献一己之力,反像是没事样地随着世俗随波逐流,左右观望。⓮

❶❶ 人臣之术，顺从而复命，无所敢专，义不苟合，位不苟尊；必有益于国，必有补于君；故其身尊而子孙保之。《说苑·臣术第二》

❶❷ 故人臣之行有六正六邪，行六正则荣，犯六邪则辱，夫荣辱者，祸福之门也。《说苑·臣术第二》

❶❸ 何谓六正六邪？六正者：一曰萌芽未动，形兆未见，昭然独见存亡之几，得失之要，预禁乎未然之前，使主超然立乎显荣之处，天下称孝焉，如此者圣臣也。二曰……良臣也。三曰……忠臣也。四曰……智臣也。五曰……贞臣也。六曰……直臣也，是为六正也。《说苑·臣术第二》

❶❹ 六邪者：一曰安官贪禄，营于私家，不务公事，怀其智，藏其能，主饥于论，渴于策，犹不肯尽节，容容乎与世沈浮上下，左右观望，如此者具臣也。二曰……谀臣也。三曰……奸臣也。四曰……谗臣也。五曰……贼臣也。六曰……亡国之臣也，是谓六邪。《说苑·臣术第二》

由以上对圣臣、具臣的论述，见微知著，当知任何身为伙计、受雇之人读了《说苑·臣术第二》，必然对学习如何尽忠职守、做好职分之事大有帮助；而经典之中，类似教诲多矣！

三、将

将帅是辅弼国家的栋梁；辅弼强，国家必定强，辅弼弱，则国家必定弱。❶

对周武王所问："要怎样论将？"姜太公回答："将有五材、十过。"十过略去不谈，只以五材为例，它们是勇、智、仁、信、忠，是将帅应该具备的基本人格特质：勇是不可犯，智是不可乱，仁是爱人，信是不欺，忠是忠心耿耿、没有二心。❶

吴起也曾论将，他认为一般人论将只看勇不勇敢是错误的，因为勇敢只是为将为帅的部分条件。勇敢的人，一定会轻易地和敌人交战，轻易和敌人交战，又不知道利之所在，是不可以的。❶

所以为将帅者要慎重的有五件事：理、备、果、戒、约，这是将帅应具备的人格特质的另一种说法。理是条理，带领多数人如同带少数；备是小心，出门如同遇见敌人；果是果决，临敌不求生；戒是戒慎，虽然已经打了胜仗还犹如刚开始打仗；约是简约，法令简要而不烦琐。❶

兵学是经典中重要的一块，对将帅的角色有清楚的阐述说明，可以供今世所有扮演拿枪杆了、保国卫民、维持治安等的各种角色者学习。

四、其他

经典中还有对许多其他角色详细程度不一的定义：例如《论语》讲到"君子"几十次，也常讲到"小人"；《道德经》常提到"圣人"；《黄石公素书》讲到"道""神""圣""贤"；《孙子兵法》讲到"间"；《幽梦影》讲到"圣人""贤者""庸人""小人"和"仙佛"。从小到大，听惯了某些角色

❶❺ 夫将者,国之辅也,辅周则国必强,辅隙则国必弱。《孙子兵法·谋攻第三》

❶❻ 太公曰:"所谓五材者:勇、智、仁、信、忠也。勇则不可犯,智则不可乱,仁则爱人,信则不欺,忠则无二心。"《六韬·龙韬·论将》

❶❼ 吴子曰:"……凡人论将,常观于勇,勇之于将,乃数分之一尔。夫勇者,必轻合。轻合而不知利,未可也。"《吴子·论将第四》

❶❽ 吴子曰:"……故将之所慎者五:一曰理,二曰备,三曰果,四曰戒,五曰约。理者,治众如治寡;备者,出门如见敌;果者,临敌不怀生;戒者,虽克如始战;约者,法令省而不烦。"《吴子·论将第四》

词汇，能在阅读经典时学习到经典对它们的诠释，是一种喜悦，对被那些词汇所形容的历史人物好像也多了一分认识！

看过以上所举经典对若干角色的定义，此处要加一句：经典不仅定义了许多角色，更以至少同样多的篇幅，用史料、故事、寓言等方式，让我们了解到历史人物或虚构人物在特定情境下如何扮演他的角色，也让我们得以由此学习如何扮演同一角色。

只举一例，读了吴起身为魏国大将，却跪在地上帮得了疽病的士兵吸脓，我们当对吴起为将的职责内容有了非常深刻的印象。❶⓽

吴起以替得了疽病的士兵吸脓，赢得了那名士兵的心；今世的带兵官、带人的各级领导、老板、老师，只要能做到吴起所做的，替所带的属下吸脓，当也能掳获那名属下的心，有机会追求和吴起一样辉煌的战绩！

角色混乱，天下大乱

回答齐景公所问治国的道理，孔老夫子说："做国君的，尽国君的职责；做臣子的，守臣子的本分；做父亲的，尽父亲的责任；做儿子的，守儿子的本分；就可以安邦定国了。"齐景公因此说："对极了！如果国君不像国君，臣子不像臣子，父亲不像父亲，儿子不像儿子，虽有粮食俸禄，我还能享用吗？"❷⓪

虽有粮食俸禄，国君也不能享用，那是因为君不君、臣不臣、父不父、子不子，君、臣、父、子都不素位其行，角色混乱，价值混淆，则天下必然大乱，所有人同受其害，国君也不能幸免！

太史公司马迁撰《史记》，就是要记录挞伐过往国家社会不明礼义，沦落到君不君、臣不臣、父不父、子不子的境遇。君不像君，就会被臣下所干犯；臣不像臣，就会被诛杀；父不像父，就会昏聩无道；子不像子，就会忤逆不孝；这四种不素位其行的恶行，被太史公视为天下最大的罪过！❷①

❶❾ 吴起为魏将而攻中山，军人有病疽者，吴起跪而自吮其脓……《韩非子·外储说左上》

❷⓿ 齐景公问政于孔子。孔子对曰："君君，臣臣，父父，子子。"公曰："善哉！信如君不君，臣不臣，父不父，子不子，虽有粟，吾得而食诸？"《论语·颜渊篇》

❷❶ 夫不通礼仪之旨，至于君不君，臣不臣，父不父，子不子。夫君不君则犯，臣不臣则诛，父不父则无道，子不子则不孝。此四行者，天下之大过也。《史记·太史公自序》

在"素位其行"的观念下，除了要顾好自己角色的本分，做什么就像什么，也要慎防热心过头捞过了界，把鼻子伸到别人的位子角色里——千万要记得孔老夫子如下的教诲："不在其位，不谋其政。"

前一篇《正名定分》和本篇《素位其行》息息相关：正名定分做不到，素位其行就做不到；素位其行做不到，正名定分也做不到。这两件事做不到，君不君、臣不臣、父不父、子不子的现象转眼就到，天下就大乱了！

贵贱大小，各有贡献

人生角色虽有贵、贱、大、小，但每个角色都各有其时，时机到了，都能做出贡献，影响全局。

一、鸡鸣狗盗，各建其功

齐公子孟尝君为齐国出使秦国，先被秦昭王任用为相，后为谗言所伤，遭昭王关入牢狱，将有杀身之祸。靠着能为狗盗的卑微食客，在深夜潜入秦宫，偷得狐皮白裘，送给秦王宠爱的妃子幸姬，由她说动昭王释放了孟尝君。㉒

孟尝君被释放后，赶着逃离秦国，夜半来到函谷关，而昭王也后悔放了孟尝君，派出追赶的兵马即刻就到。孟尝君再靠能为鸡鸣的卑微食客学鸡叫，让守关人在公鸡齐鸣之下，误以为开关时刻已到而打开关门，孟尝君及所随食客因而得以逃出秦国。原本鸡鸣狗盗的两个人，让孟尝君纳入门下为食客，其他食客都看不起他俩，常常羞辱他们，直到孟尝君秦国有难，鸡鸣狗盗各建奇功，才让其他食客心服口服。鸡鸣狗盗难登大雅之堂，但在特别的状况之下，却能各建奇功，孟尝君还真的不能没有他们啊！㉓

㉒ 齐愍王二十五年，复卒使孟尝君入秦，昭王即以孟尝君为秦相。人或说秦昭王曰："孟尝君贤，而又齐族也，今相秦，必先齐而后秦，秦其危矣。"于是秦昭王乃止。囚孟尝君，谋欲杀之。孟尝君使人抵昭王幸姬求解。幸姬曰："妾愿得君狐白裘。"此时孟尝君有一狐白裘，值千金，天下无双，入秦献之昭王，更无他裘。孟尝君患之，遍问客，莫能对。最下坐有能为狗盗者，曰："臣能得狐白裘。"乃夜为狗，以入秦宫臧中，取所献狐白裘至，以献秦王幸姬。幸姬为言昭王，昭王释孟尝君。《史记·孟尝君列传》

㉓ 孟尝君得出，即驰去，更封传，变名姓以出关。夜半至函谷关。秦昭王后悔出孟尝君，求之已去，即使人驰传逐之。孟尝君至关，关法鸡鸣而出客，孟尝君恐追至，客之居下坐者有能为鸡鸣，而鸡齐鸣，遂发传出。出如食顷，秦追果至关，已后孟尝君出，乃还。始孟尝君列此二人于宾客，宾客尽羞之，及孟尝君有秦难，卒此二人拔之。自是之后，客皆服。《史记·孟尝君列传》

二、罪人三百，自刎撼敌

战国时代，吴王阖庐听到越王允常过世，出兵攻打越国。越国兵力不如吴国，但刚继位的越王勾践派出死囚三百人，来到两军阵前，就在吴军面前，同时大喊之后举刀刎颈自杀。这血淋淋、阴气逼人的场面，震撼了吴军，让越军得以袭击吴军，败吴师于槜李，还射伤了吴王阖庐，让他因伤而死。㉔

死囚充当突击队，赴敌后出任务，戴罪立功，以换得减刑，曾是不少电影的情节。但是像越国罪人三百，自刎撼敌的场面，不只撼动吴军，两千年后的读者读此一章，也不得不为那鬼哭神嚎的场面为之动容！死囚贱极，其功伟矣！

三、狮子与老鼠

明白了"角色没有贵贱大小"这个道理，在对待他人时，我们要做到不因别人的社会地位、富贵贫贱、权势大小而对他有差别待遇。

中国有"鸡鸣狗盗"和"罪人自刎撼敌"的故事，西方《伊索寓言》中有一则《狮子与老鼠》的寓言：吵醒了狮子而被狮子捉住的老鼠，恳求狮子放过牠，许诺日后一定会回报狮子的大恩大德。狮子虽然不相信这么渺小的老鼠能对它这么伟大的狮子能有什么帮助，还是放过了老鼠；哪想到，当狮子被猎人所设的陷阱捉到，被绳索五花大绑时，竟是渺小的老鼠用它的牙齿咬断绳索，让狮子得以逃出猎人的掌握。

《狮子与老鼠》寓言的教训是：渺小的朋友却可能是对你有大帮助的朋友。另一个西方的说法也值得我们记住：

善待那些在你高升路上所遇到的人！在你往下时，你会遇到同样的人。㉕

㉔ 元年，吴王阖庐闻允常死，乃兴师伐越。越王勾践使死士挑战，三行，至吴陈，呼而自刭。吴师观之，越因袭击吴师，吴师败于槜李，射伤吴王阖庐。阖庐且死，告其子夫差曰："必毋忘越。"《史记·越王勾践世家》

㉕ Be kind to the people you meet on the way up, because you're going to meet the same people on the way down. ——*Ralph Kramden in TV Series "Honeymooners"*

"人"的角色先于其他

每个人世间潇洒走一回,有一个总的角色要先扮演好,才能再考量人生舞台上的其他角色,这总的角色就是"人"的角色。

而中华文化的目标,就是在教人怎么把"人"的角色演好。❷⁶

儒家思想下,任何人,上自一国之君,下到普通老百姓,都共享一桩恒常不变的人生功课:时时不断地修正自己的行为,使自己成为一个更完美的人,把"人"的角色做到最好。❷⁷

随手翻开任何一本经典,看到的章句都是在教导我们如何做人、如何做一个更好的人。

老子认为做人的道理在于:心要虚小慎微,志向要宏大兼纳,智慧要无穷不竭,行为要方正素白,才能要文武兼备,事情要持要简约。❷⁸

孔老夫子认为:君子不能像器皿一样,只有一种用途。君子要有多元的才能,就像一年有春、夏、秋、冬,一日有早、晚、晨、昏;在不同时空,要有不同的适所表现。❷⁹

居上位,不欺凌下位的人;居下位,不谄媚攀附上位的人。端正自己,而不轻易责备别人,就不会有人怨恨我们。上不怨天的不保佑,下不怨友的不帮忙。所以君子素位其行,安守岗位,以等待天时命运来临;小人则投机取巧,冒险行诈,想取得分外不当的利益。孔老夫子说:"射箭这件事,有如君子的情操,射不中红心,不能怪靶子不正,而应该反省检讨自己。"这就是做人的道理。❸⁰

㉖ 中华文化就是教人如何做个人。《人生十论》

㉗ 自天子以至于庶人，壹是皆以修身为本。《大学·经一章》

㉘ 老子曰："凡人之道，心欲小，志欲大，智欲圆，行欲方，能欲多，事欲少。"《文子·微明》

㉙ 子曰："君子不器。"《论语·为政篇》

㉚ 在上位不陵下，在下位不援上，正己而不求于人，则无怨。上不怨天，下不尤人。故君子居易以俟命，小人行险以徼幸。子曰："射有似乎君子，失诸正鹄，反求诸其身。"《中庸》

让自己今天比昨天好

而做人要做到什么个样才算有成呢？《小窗幽记·集醒篇》里的这段话，勾勒出一个模样，足以让我们在脑海中想像一下，真能做到那样，就太棒了！

身要严重，意要闲定，色要温雅，气要平和，语要简徐，心要光明，量要阔大，志要果毅，机要缜密，事要妥当。

整套中华文化，都在教我们怎么做人，哪怕只读了一小段经典，只要能实践其中正确的做人道理，让自己今天比昨天的做人处世做得更好，就是走在正确的道路上，就值得给自己按个赞！

但如果一个人同时扮演多重角色而发生角色冲突的问题，又要如何取舍？以孟老夫子对桃应所问"瞽瞍杀人，舜要怎么办？"的回应来看，经典中所教导的就和今世之人可能的做法大不同，值得我们深思。

桃应问说："舜做天子，皋陶做狱官，如果舜的父亲瞽瞍杀了人，皋陶该怎么办？"孟老夫子回答："依法把瞽瞍抓起来就是了。"桃应又问："那舜不加以阻止吗？"孟老夫子说："舜怎么能阻止呢？皋陶是依法抓人啊！"又问："那舜怎么办呢？"孟老夫子说："舜视放弃天下权位这件事就像抛弃旧草鞋一样。他只好偷偷地背着瞽瞍逃走，到海边躲藏起来，尽其一生，高高兴兴地侍奉瞽瞍，快乐地忘掉天下！" ㉛

现代人会怎么回答呢？该不会是安坐天子宝座，理直气壮地说"大义灭亲"吧？古人的智慧、孟老夫子的智慧，真是让我们相形见绌！

㉛桃应问曰:"舜为天子,皋陶为士,瞽瞍杀人,则如之何?"孟子曰:"执之而已矣。""然则舜不禁与?"曰:"夫舜恶得而禁之?夫有所受之也。""然则舜如之何?"曰:"舜视弃天下犹弃敝蹝也。窃负而逃,遵海滨而处,终身欣然,乐而忘天下。"《孟子·尽心上》

世界舞台人生戏

西方人很早就把世界和舞台相比拟，把人和演员相比拟；而把人生分为不同的阶段在西方艺术和文学上也是常见的事。

英国大文豪莎士比亚（William Shakespeare）在他一出脍炙人口的喜剧中有一段独白，开始的一句话已成为万千观众和读者熟悉的名言："世界是个舞台，所有的男男女女只是演员，有他们各自的进场和出场……"❷

剧中也提到，一个人在他的时代扮演了许多的角色，有七个不同年纪的演出：婴儿、学童、恋爱中的青年、军人、正义之士、老丑、垂老之人。❸

这样想吧！人生是出戏，你是个演员，不管你的背景、学历、经历是什么，在人生的这出戏里，不妨从历史上有成就的人物中选出一位你欣赏的人物，研究他的生平、成长过程、人格特质、人生态度、处世方法、对人类做出贡献的方式，研究清楚之后就把他当成你要扮演的角色，全心全意演好它！

想扮演任何一位道、神、圣、贤，其实并不困难！经典中对他们的思想、言行、举止有充分的描述，你只要揣摩他、学他、入戏演他就好了。若你想演孔老夫子，那遇到任何事，就想：依照经典对孔老夫子的描述，孔老夫子碰到这事会怎么办？你就照着办。若你想演老子，那遇到任何事，就想：依照《道德经》的内容及其他经典对老子的描述，老子碰到这事会怎么办？你就照着办。若你想演创作了《孙子兵法》的孙武，遇到任何事，就想：依照《孙子兵法》，孙武碰到这事会怎么办？你就照着办。

世界是舞台，人生是出戏，演好你所挑选的道、神、圣、贤角色，你就是那个道、神、圣、贤！

㉜ All the world's a stage, And all the men and women merely players; They have their exits and their entrances ... .——*As You Like It, Act II, Scene 7*

㉝ And one man in his time plays many parts, His acts being seven ages. ... the infant, ... the whining schoolboy, ... the lover, ... a soldier, ... the justice, ... the lean and slippered pantaloon, ... Sans teeth, sans eyes, sans taste, sans everything.——*As You Like It, Act II, Scene 7*

第十五篇 · 取法乎上

目标设高，当下努力去做，梦想终将实现。

别人如何对待你，是由于你自己的所作所为决定的，
表现得像国王，别人就待你如国王。
有为者亦若是，将目标设高、设大，
选定一个更完善的角色，作为自己努力的目标，
取法乎上，没有不可能的梦想！

素位其行之外，还要素行其位

前篇《素位其行》阐述了"做什么，要像什么"的观念。想拥有丰富人生的有志之士，除了在自己现有的角色上素位其行，还应该"取法乎上"！取法乎上在这儿有两种涵义：

第一，在自己现有的角色上，应该以高标准自我要求，所谓"做什么，要像什么"，是要像那类角色中的顶尖好手，而非只满足于做个泛泛之辈。

第二，在人生道路上选定一个比现有角色更能造福社会、兼善天下的角色，作为自己努力的目标，先学习磨炼该角色所必须具备的心性智慧——这就称为"素行其位"——再等待有利时机的到来，水到渠成地跨入那梦想追求的目标角色。

第十二篇讲了"知所先后"，请问：那人生在世，是先得到角色，还是先练就了扮演那个角色所必须具备的心性智慧和处世功夫？

人要怎样"成为"君子？君子之道、君子的心性智慧和处世功夫，当然不是一个人在成为君子之后才赶着去学、去磨炼成就的，必定是先展现了君子的心性智慧和处世功夫后，才被别人视为君子！

人要怎样"成为"将帅？将帅之道、将帅的心性智慧和运筹帷幄，当然不是一个人被授予将帅大印之后才仓促去学、去磨炼成就的，必定是先展现了将帅的心性智慧和运筹帷幄后，才被授予将帅大印！

人要怎样"成为"领导人？领导人的领导之术和统御手段，当然也不是一个人得了领导人大位之后才摸索去学、去磨练成就的，必定是先展现了领导人的领导之术和统御手段，才众望所归地得到领导大位！

准备好再跨入角色

先练就扮演角色所必须具备的心性智慧和处世功夫在先，是本；得到角色在后，是末，这是正确的本末先后次序！所以我们要"素行其位"，针对自己未来想扮演的目标角色，先学习磨炼所需具备的心性智慧和处世功夫，再等待有利时机、水到渠成地跨入那个角色。

必会有人质疑，这样的本末先后次序和当今观察到的大不相同：当今世上多得是先拿到位子角色再说，做得不好，则大言不惭地辩称"职务又没有训练班，只能做中学"！这个大不同处，正是当今世乱的原因之一！

《围炉夜话》里有两句话说得好，把以上所讲的精髓都点出来了：

人皆欲贵也，请问一官到手，怎样施行？人皆欲富也，且问万贯缠腰，如何布置？

财不患其不得，患财得而不能善用其财；禄不患其不来，患禄来而不能无愧其禄。

呜呼哀哉！今世这些人不读经典或是没读通经典！不知道要先"素行其位"，所以即使抢到了梦寐以求的位子角色，也没办法做到"素位其行"！

树立典范，见贤思齐

人往高处爬，很少有人不想做主角的。为自己所设定人生道路上的下一个

角色，应该是一个比现在所扮演角色制高点更高、更能造福社会的角色。

孔老夫子鼓励弟子，看到比自己贤德的人，要向他们看齐、学习，而看到贤德不如自己的人，就要自我反省，想想自己有没有同样的缺点，有，则改之，无，则自我勉励。❶

而检验诸多经典的整体内涵，我们可以发现其主轴就是在教导人们如何做人、如何改进自己、如何修正自己的行为，以成为一个更好的人。经典借着对道、神、圣、贤、君子、士这些角色的描述，为人们树立了典范，提供见贤思齐的对象和学习内容。

举例来说，针对子路所问的"成人"——成德的完人，孔老夫子对什么样的人才算是"成人"做了清楚明白的说明。孔老夫子先说："能有臧武仲那样的智慧，孟公绰那样的廉洁，卞庄子那样的勇敢，冉求那样的才艺，再加上礼乐的熏陶，就算是成德的完人了！"❷

担心大家做不到这样的标准，孔老夫子又说："至于现今所谓的成人，何必要这样的高标准？能够见利思义，见危授命，不论过了多久，都不忘记平生的诺言，做到这样，也可以算是成德的完人了！"❸

对经典的教诲往往专注在做人处世上，却少着墨于如何追求权势和财富，那些想在权势上、财富上做主角的人，可能因此感到失望、气馁。别失望、别气馁，正如第十一篇《迂回至要》指出的，只要修身有成，得到天爵，权势、财富和其他人爵的副产品都会随之而来；安心地跟着经典的教诲见贤思齐、学习做人、追求天爵吧！

有为者亦若是！

滕文公身为世子时，将到楚国，听说孟老夫子在宋国，特别绕道经过那儿去见他。孟老夫子向他讲述了人性本善的道理，不断引述尧舜的言行作为佐证。

【典籍出处】

❶ 子曰:"见贤思齐焉,见不贤而内自省也。"《论语·里仁篇》

❷ 子路问成人。子曰:"若臧武仲之知,公绰之不欲,卞庄子之勇,冉求之艺,文之以礼乐,亦可以为成人矣!"《论语·宪问篇》

❸ 曰:"今之成人者,何必然?见利思义,见危授命,久要不忘平生之言,亦可以为成人矣!"《论语·宪问篇》

当世子由楚国回来的时候，又再来见孟老夫子。❹

孟老夫子说："您怀疑我所说的话吗？天下的道理只有这个妙理罢了。齐国勇士成𫖯曾向齐景公说：'他是男子汉，我也是男子汉，我为什么要怕他？'颜渊曾说：'舜是什么样的人？我是什么样的人？只要有所作为，就可以成为像舜一样。'鲁国的贤人公明仪也曾说：'周公曾说文王是他的父亲，也是他的老师，周公难道会骗我吗？'现在滕国虽小，但取长补短，也有五十里大小的土地，还是可以成为一个行善的国家。《书经》说：'药力太小，吃下去没有昏眩的感觉，病是不会好的。'"❺

看到别人做得好，看到别人表现好，不必羡慕。经典不只告诉我们"有为者亦若是"，更详细地说明了要做到"亦若是"的道路，那就是：多读经典，必多收获！

当孟老夫子离开齐国时，对弟子虞路解释自己并没有因此忧戚，曾说出了顶天立地、充满豪情的一段话："老天爷是没有想要天下平治啊！如果想要天下平治，在当今之世，老天爷除了用我，还能用谁呢？"❻

孟老夫子期许滕文公要取法乎上，自己先就做到了，他自己也是取法乎上啊！

设定目标，当下就做！

要想伟大，不必空谈未来抱负，而是在当下此地就该做出伟大的事！

以同一篇演讲《钻石遍地》（Acres of Diamonds）讲了五千多遍，化人无数，为人所津津乐道的美国律师、传教士、天普大学（Temple University）创办人罗素·康威尔（Russell Conwell）博士曾在其中一次演讲会上，对两位表示要在费城竞选公职，以便有机会做出伟大的事、成为伟大之人的年轻人和所有听众做出这样的回应和呼吁："要想伟大，不必等到公职在身，一个人如果真能变得伟大，当下在这儿就该做出伟大的事！"❼

做伟大的事，其根本在自己，而不在是否身居公职；当下此地若做不出伟大的事，又怎么保证能在身居公职之后能做出伟大的事？所以，想要做出伟大事业的人，必先当下此地就做出伟大的事——这是让别人相信你未来可以做出

❹ 滕文公为世子，将之楚，过宋而见孟子。孟子道性善，言必称尧舜。世子自楚反，复见孟子。《孟子·滕文公上》

❺ 孟子曰："世子疑吾言乎？夫道一而已矣。成覵谓齐景公曰：'彼丈夫也，我丈夫也，吾何畏彼哉？'颜渊曰：'舜何人也？予何人也？有为者亦若是。'公明仪曰：'文王我师也，周公岂欺我哉？'今滕，绝长补短，将五十里也，犹可以为善国。《书》曰：'若药不瞑眩，厥疾不瘳。'"《孟子·滕文公上》

❻ 曰："……夫天未欲平治天下也；如欲平治天下，当今之世，舍我其谁？……"《孟子·公孙丑下》

❼ Greatness consists not in the holding of some future office, but really consists in doing great deeds with little means and the accomplishment of vast purposes from the private ranks of life. To be great at all one must be great here, now, in Philadelphia. He who can give to this city better streets and better sidewalks, better schools and more colleges, more happiness and more civilization, more of God, he will be great anywhere. ——*Acres of Diamonds*

（伟大不在于未来所能担任显赫重要的公职，而在于在还没有担任公职的时候就已经以卑微身份所做出的伟大行为和达到的重要目标。想要成为伟大的人，一个人必须当下在此地，在费城，就已经做了伟大的事。一个人如果可以带给费城更好的街道、人行道和中小学校、更多的大学、更多的欢乐和文明、更多的神，他在任何地方都会是一位伟大的人。）

伟大事业的唯一证明!

康威尔博士的论点,对今世一再重复发生,在民主政治选举中,候选人竞相推出华而不实的政见,巧妙包装虚幻形象,以争取——甚至骗取选票的现象——正是当头棒喝!

展现修身的进阶功夫

康威尔博士主张:公职在身不是成就伟大事业的必要条件,具备能做出伟大事业所必需的人格特质、德行操守才是。这个立论基础,其实和中华文化教人如何做一个人,而且这一套做人的心性智慧自天子以至于庶人一体适用,正是异曲同工。❽

中华文化这一套做人的心性智慧,就是《大学》格、致、诚、正、修、齐、治、平这八项修身的进阶功夫。一个人若是把这套功夫练好了,随着外在的际遇,便能有不同的成就。不遇时,仍可以独善其身,展现格、致、诚、正、修、齐;一旦时来运转,就可以展现治国、平天下的成果。

因此,放在《大学》修身进阶的架构下,要判断一个人能不能治国,不是也不必从他高唱的政见口号检视,而是要看他在格、致、诚、正、修、齐上,特别是修身、齐家做得好不好?要判断一个人能不能平天下,不是也不必从他高唱的政见口号检视,而是要看他在格、致、诚、正、修、齐、治上,特别是齐家、治国表现得好不好?

换句话说,依照中国的大人之学,要知道一个人将来是不是能够成就伟业,并不需要问他的政见口号,只要问他:"你从过去到现在,做了什么伟大的事?展现了哪些可以做出伟大事业的心性智慧?"

那些在民主政治下,一次又一次在竞选期间被候选人华而不实的政见、巧妙包装的虚幻形象唬得一愣一愣的,选举后又被当选的同一人胡乱施政、整得

❽ 中华文化教人如何做一个人。《人生十论》

自天子以至于庶人,壹是皆以修身为本。《大学·经一章》

死去活来的万千选民，可能正搥胸顿足，后悔没有即早领悟《大学》，后悔没有即早读过康威尔博士的《钻石遍地》！

往好的看，做选民的，只要下次别再被骗就好了！

用在己身，也期许别人

西方人有这样的观念：表现得像国王，别人就待你如国王。

别人如何对待你，是由你自己的所作所为决定的。表现得粗鄙或平凡会让别人不尊重你。国王懂得尊重自己，因而激发了别人对他的尊重。表现出王者的气度和举止，对自己的力量展现自信，就会像注定要戴上皇冠般的尊贵。❾

每个人都应持守自己的尊严。虽不是人人都是国王，但是每个人的所作所为都应该展现王者的风范与气度。以王者的高度做事，行为高尚，思想高尚；虽然没有国王的权势，至少表现得像个国王。真正的君权来自正直的操守，当自己可以成为展现伟大内涵的标杆时，就不必羡慕别人的伟大。特别是那些围绕在王位周围的人，更应该追求真正的优越，分享王权的真正内涵，而非只浸淫在虚幻的王室仪式中。❿

"取法乎上"可以用来自我砥砺，让自己表现得更好；更可以用在对别人的期许上。以较高的期许对待别人，往往可以提升对方的自尊和自我期许，促成他变成一个更好的人。

这样的例子屡见不鲜：根据一个人现在的身份和表现对待他，他会维持现在的身份和表现。以一个人可以做到或应该做到更好的身份和表现对待他，他就会变得更好！⓫

❾ Law 34: Be Royal In Your Own Fashion: Act like a king to be treated like one. The way you carry yourself will often determine how you are treated: In the long run, appearing vulgar or common will make people disrespect you. For a king respects himself and inspires the same sentiment in others. By acting regally and confident of your powers, you make yourself seem destined to wear a crown. ——*The 48 Laws of Power*

❿ Let us keep up his dignity. Let each deed of a person in its degree, though he be not a king, be worthy of a prince and let his action be princely within due limits. Sublime in action, lofty in thought, in all things like a king, at least in merit if not in might. For true kingship lies in spotless rectitude and he need not envy greatness who can serve as a model of it. Especially should those near the throne aim at true superiority, and prefer to share the true qualities of royalty rather than take parts in mere ceremonies——yet without affecting its imperfections but sharing in its true dignity. ——*The Art of Worldly Wisdom, No.103*

⓫ Treat a man as he is and he will remain as he is. Treat a man as he can and should be and he will become as he can and should be.——Johann Wolfgang von Goethe

堂吉诃德的启示

听过"The Impossible Dream"这首歌吧？以这首歌为主题曲、故事改编自17世纪名著《堂吉诃德》（*Don Quixote*）的百老汇音乐剧 *Man of La Mancha*，讲的是一位欧洲中世纪骑士和一名街头妓女的故事。虽然妓女身处堕落的环境，但骑士对她另眼相看，在她身上看到了美好而值得去爱的东西，为她取了新名字德陆辛娜（Dulcinea）；经过初期的排斥，德陆辛娜也逐渐找回并重建自己的德行，开始相信自己的价值。

改变从来不容易，当德陆辛娜又陷入过去的生活，濒临死亡的骑士把她找到床前，唱出 "*The Impossible Dream*" ——

To dream … the impossible dream … To fight … the unbeatable foe … To bear … with unbearable sorrow … To run … where the brave dare not go … To right … the unrightable wrong … To love … pure and chaste from afar … To try … when your arms are too weary … To reach … the unreachable star … . *

骑士凝视着德陆辛娜的眼睛，对她耳语："别忘了，你是德陆辛娜！"

生活中不乏活生生的例子，当我们对子女、兄弟姊妹、同事、学生、下属、后学愈看重，愈给予尊重，他们也会愈懂得自重，表现得愈好！

目标要设高、设大

咱的祖先是要求完美的。《大学》开宗明义就阐述，要成为一位大人——有

＊ 歌词译文见二八四页。

操守德行的人——的三阶段是：（1）找到自己灵明的本性；（2）不断求新，自我提升；（3）直到至善的境界才停止。❷

古代贤明的国君曾自谦并对后代充满期许地说："你们应该更求以古代的圣王为师，学习效法，像我这样，是不足为学习榜样的。以上焉者为学习的榜样，往往只得到中焉者；如果只以中焉者为学习的榜样，恐怕结果就落得只得到下焉者了。"❸

这个浅显易懂的道理，言简意赅地说明了目标要设高、设大的精义。

一、大义不成，既有成已

从前舜想收复海外，虽然没有成功，但已足以成就帝业；禹想成就帝业，虽然没有成功，但已足以统治海内；汤、武想继承帝禹的王业，虽然没有成功，但已足以统治所有舟车人迹所到之处；五霸想继承汤、武的事业，虽然没有成功，但已足以作为诸侯的霸主；孔老夫子和墨子想把他们倡导的道推行于天下，虽然没有成功，但已足以成为显赫荣耀的人物。❹

由此看来，宏图大略即使不能完全成功，只要去做，就已经会有相当的成就，所以务必致力于宏图大略。《夏书》有云："天子的功德，广大深远，玄妙神奇，既勇武又文雅。"所以当务在有所作为，且作为要大。❺

二、大能容纳更多

地大了，才有常祥、不庭、岐母、群抵、天翟、不周这些大山；山大了，才有虎、豹、熊、猿、猴这些野兽；水大了，才有蛟、龙、鼋、鼍、鳣、鲔这些水族。《商书》有载："五世的古庙，可以看到鬼怪；万人的首领，可以产生奇谋。"孔穴小洞容不下池沼，水井中没有大鱼，新栽的树林没有高树，凡是谋划事情能够取得成功的，必定是由广大、众多、长久而来，真的是这样的。❻

这解释了：数大便是美；大能容纳得多，有更多的空间和资源，就能成就更大格局的结果！

❶❷ 大学之道，在明明德，在亲民，在止于至善。《大学·经一章》

❶❸ 汝当更求古之哲王以为师，如吾，不足法也。夫取法乎上，仅得其中；取法乎中，不免为下。《帝范·卷四》

❶❹ 昔有舜欲服海外而不成，既足以成帝矣。禹欲帝而不成，既足以王海内矣。汤、武欲继禹而不成，既足以王通达矣。五伯欲继汤、武而不成，既足以为诸侯长矣。孔、墨欲行大道于世而不成，既足以成显荣矣。《吕氏春秋·务大》

❶❺ 夫大义之不成，既有成矣已。《夏书》曰："天子之德广运，乃神，乃武乃文。"故务在事，事在大。《吕氏春秋·谕大》

❶❻ 地大则有常祥、不庭、岐母、群抵、天翟、不周，山大则有虎、豹、熊、螇蛆，水大则有蛟、龙、鼋、鼍、鳣、鲔。《商书》曰："五世之庙，可以观怪；万夫之长，可以生谋。"空中之无泽陂也，井中之无大鱼也，新林之无长木也，凡谋物之成也，必由广大众多长久，信也。《吕氏春秋·谕大》

三、大是全局，影响每一部分

所以说：天下大乱，就没有安定的国家；一国全乱，就没有安定的采邑；采邑全乱，就没有平安的个人。所以，小区域的安定，要靠整个大局的稳定；整个大局的稳定，也要靠各个小区域的安定。小与大、贵与贱，彼此互相依赖，然后都得到自己追求的快乐。要小的安定，就要崇尚大的。❶

大是全局，影响到每一部分；顾好大的，小的才能平稳安定！

与古人一比心志功业而不愧

讲了这么多，最后要再次提醒确认：取法乎上，必定要以经典的标准来取法乎上；所谓目标要设高、设大，事情要规划大、要做大，指的都是符合经典心性智慧的目标和事情。而且要如《小窗幽记·集法篇》所言：

志不可一日坠，心不可一日放。

当今世乱，价值混淆，任何人在取法乎上，选择能学习的上焉者时，要特别小心，不能盲目推崇效法任何有权、有势、有钱、有成就的人，轻率地以他们作为模仿学习的榜样。许多当今有权、有势、有钱、有成就的人，若拿道、神、圣、贤经典的标准衡量，都不值得我们学习！甚至正是该被我们唾弃的对象！

但别担心！这本书会让你对什么是道、神、圣、贤眼中该学习的上焉者，一清二楚！根据书中阐述经典的标准，你可以立下志向，做天下必定不可以没有的人，做出别人必定做不到的事，不枉费来人间潇洒走一回，不虚度自己的一生！❶

取法乎上，只要继续努力下去，终有一天，你可以充满豪气地说出这句话：

❼ 季子曰:"……故曰:'天下大乱,无有安国;一国尽乱,无有安家;一家皆乱,无有安身',此之谓也。故小之定也必恃大,大之安也必恃小。小大贵贱,交相为恃,然后皆得其乐。"定贱小在于贵大……《吕氏春秋·谕大》

❽ 能为世必不可少之人,能为人必不可及之事,则庶几此生不虚。《小窗幽记·集豪篇》

"不恨我不见古人,惟恨古人不见我。"❿

当能与古人一比心志功业而不愧时,不虚此生矣!

没有不可能的梦想

编织那不可能实现的梦,对抗那不可被击败的敌人,承担那不可承担的悲伤,奔向那勇者都不敢去的地方,纠正那不可能被纠正的错过,钟爱那来自遥远的纯正贞节,即使手臂已经疲惫仍要继续尝试,要去触摸那遥不可及的星星!

追逐那星星是我的使命,不论多么无望,不论多远,不迟疑、不停歇,为对的事而奋战,愿意为了一项天命冲进地狱!

我知道,如果对这项光荣的使命待之以真诚,当我躺下安息时,我的心会既和平又平静,世界会因为这样而变得更好,有这么一个被人轻蔑、满身伤痕的人,以他最后一丝的勇气仍在奋战,要去触摸那遥不可及的星星!❷

这是"The Impossible Dream"歌词的含义,勾绘出堂吉诃德要去触摸那遥不可及星星的心声!虽然名为不可能实现的梦,但是有了堂吉诃德的永不放弃,歌词的未尽之意让我们领悟:那看似不可能实现的梦,其实是绝对可以实现的!

⑲ 不恨我不见古人，惟恨古人不见我。《小窗幽记·集豪篇》

⑳ To dream ... the impossible dream ... To fight ... the unbeatable foe ... To bear ... with unbearable sorrow ... To run ... where the brave dare not go ... To right ... the unrightable wrong ... To love ... pure and chaste from afar ... To try ... when your arms are too weary ... To reach .... the unreachable star ...

This is my quest, to follow that star ... No matter how hopeless, no matter how far ... To fight for the right, without question or pause ... To be willing to march into Hell, for a Heavenly cause ...

And I know if I'll only be true, to this glorious quest, That my heart will lie peaceful and calm, when I'm laid to my rest ... And the world will be better for this: That one man, scorned and covered with scars, Still strove, with his last ounce of courage, To reach ... the unreachable star ... .

——*The Impossible Dream Lyrics*

第十六篇·合宜得当

宜不宜，要依当时之"情""形"与"势"判断！

做人处世所要遵循的游戏规则，
最难做到的，也是最终极应该做到的，
是所作所为针对当时的情、形、势，必须合宜、得当。
而人们常说"盗亦有道"，真是这样吗？
脱离了本质依托，不走正确的路线，盗，必然无道！

一场拼了命的竞技

2008年发生了一件事，让台湾媒体大肆报道，对当事人大加赞扬，大陆也有网友加入喝彩，之后几年内，台湾还有考试将此一事件及当事人纳入考题，社会一直把它当成一个值得鼓励效法的榜样。其实，心平气和检验当事人的作为，会发现它是不合宜、不得当的！整个社会，随着煽情的媒体起舞，都喝错采了！

时间是八月，地点是北京奥林匹克运动会。"中华台北"代表团的一名跆拳道女选手，在第一场比赛时伤了左膝韧带，第二场比赛负伤上场一比零击败对手，第三场铜牌赛再度抱伤上场，一名台湾媒体的记者做了如下的报道：

……〔女选手〕负伤力战，〔对手〕没有主攻〔女选手〕伤痛处，主裁判甚至主动喊暂停，这场跆拳道赛是北京奥运最让人动容的一战。

看着〔女选手〕扑倒再起、起而复倒，场边都流下热泪，培训队教练……赛后泪水止不住："如果是我女儿，我一定不让她比赛。"

〔女选手〕左膝韧带首战后受伤，经队医初步诊断，预估七、八成是断了，但她坚持参加复活赛，复活赛第一战倒地七次，铜牌战倒地十一次，可是〔女选手〕参赛的眼神坚决，场边教练……数度想抛毛巾弃赛，都忍下来。

〔女选手〕坚决不退，也感染了摩洛哥主裁判。〔女选手〕在铜牌战每次倒地，主裁判都耐心等她站起，甚至主动喊停，让防护员上场治疗。〔培训队教练〕说，照理主裁判可以判〔女选手〕无数次警告，但主裁判似乎也为〔女选手〕奋战不懈而感动。

〔对手〕也值得称许，她知道〔女选手〕只剩单脚，没有攻击她的伤痛左脚，而主攻头部，〔培训队教练〕说："〔对手〕没有在她伤口撒盐。"一场铜牌战，由〔女选手〕的受伤力拼，主裁判执法的通情达理，〔对手〕的尊敬对手，展现了可贵的奥林匹克精神。【联合报／黄显祐】

运动比赛根本不是拼命的场合，哪要搞到拼死拼活！什么场合下可以拼命、应该拼命？第一，在战场上与敌人作战；第二，有人侵入你家，威胁到你和家人人身和财产的安全；第三，有人在其他场所威胁到你和家人人身和财产的安全，却又死缠不放，不让受害人脱身。运动场上的竞技，不在以上三者之中，搞到拼死拼活，失之太过！

合宜得当大不易

孔老夫子曾说："君子与人无所争，如果真有什么要竞争的，也必然是在射礼的场合了！而即使在那个竞争的场合，也是相互作揖，谦让一番，登堂射箭，射完之后，又再相互作揖，谦让一番。走下堂来，得胜的人请失败的一方饮酒受罚，这样的竞争是很有君子风度的。"❶

好个"揖让而升，下而饮"！让我们脑海中浮现出一位态度从容不迫、胜不骄败不馁的运动员，以谦谦君子的态度参加比赛。这和台湾某家报纸以女选手所说"在奥运殿堂，死掉都值"作为标题，强调女选手悲壮牺牲的情绪相比，可谓差之千里矣！

女选手说是要为罹癌的父亲拿下一面奖牌，以慰父亲；却忘了不只生命宝贵，身体发肤受之父母，也应当要珍惜爱护。女选手的所作所为，残害自己的身体，其实反而是违反孝道的。❷

除了不符合经典的教诲，只要我们试着检视下面的一些问题，就会发现女

【典籍出处】

❶ 子曰:"君子无所争,必也射乎!揖让而升,下而饮,其争也君子。"《论语·八佾篇》

❷ 身体发肤,受之父母,不敢毁伤,孝之始也。《孝经·开宗明义章第一》

选手的作为轻率且完全没有考虑对任何利害关系人的影响，可能后患无穷，也因此是不符合社会群体利益的。

如果女选手因为坚持负伤出战，导致伤势恶化，甚至于变成残废，是不是会让她罹癌的父亲更难过？也许因此让父亲的病情加重？如果女选手因为坚持负伤出战，导致伤势恶化，得花更多医疗费治疗，甚至变成残废，保险公司是该给付还是不给付？如果女选手坚持负伤出战，变成残废，是自己的责任，还是教练、裁判、大会、甚至"中华台北"奥委会的责任？万一，对手因为对她负伤比赛心存同情，反而落败，是不是会引来对方抗议和更多的纠纷？

一件被全台湾媒体一致吹捧、政治人物煽风喝彩、当事人成为全民偶像的事件，当冷静地仔细检视，竟然是不合宜、不得当的行为；恰恰证明了当今世人不读经典、头脑不清、价值错乱！也彰显了要做到合宜、得当，还真不容易！

宜不宜：视情、视形、视势

"宜"是适合、应该，"当"是相持、相抵。

做人处世要遵循的游戏规则，最明显、最直接的是国家的法律，但是法律条文未必规范到人碰到的所有情境，也未必提供了行为的最佳典范；做人处世要遵循的游戏规则，最难做到的，也是最终极应该做到的，是所作所为针对当时的"情""形"与"势"，必须合宜，必须得当。

违法的行为，社会大众容易辨识，还有公权力的取缔追诉，对社会的伤害是"滚水煮青蛙"，是看得见、感觉得到痛的！

不合宜、不得当的行为，社会大众不易辨识，通常不算违法，没有公权力的取缔追诉，对社会的伤害是"温水煮青蛙"，是看不见、感觉不到痛的，却一点一滴、一步一步，在我们不知不觉下，逐渐地侵蚀社会的价值观！世人惕之！读者惕之！

要做到合宜、得当的难处，在于某种情境下合宜、得当的行为，当时空变化，落在另一种情境下，可能就不合宜、不得当了！在战场上拼命，合宜、得当，在奥运竞技场上拼命，不合宜、不得当，就是一例。

大多数人昧于分辨时空和情境，是因为许多事情的趋向外观虽然很相似，实际却迥然不同，这不是因为事情本身特殊怪异，而是时势变化造成的。❸

而因为时空变化，所遭遇的"情""形"与"势"不同，能够被称为合宜、得当的标准也随之改变，若不能察觉到游戏规则的不同，仍以彼时的行为因应此时的"情""形""势"，就不合宜、不得当了。

此一时彼一时的判断力

分辨不同时空下"情""形"与"势"的不同，是一项可以靠学习磨炼而累积的本领。美国哈佛大学法学院每年五百名的一年级新生，在入学的第一个星期就花下工夫学习如何分辨不同法律案件之间事实的异同（Distinguishing cases），进而作为判断先前法院判例是否可以成为现今案件判决的依据；这套本领在判断"彼时合宜得当，此时如何？"，是有很大帮助的！

道、神、圣、贤经典也告诉我们，需纳入各种相关因素，顾及所有利害关系人的权益，做通盘周详的考量。而要圆满地考量，一个人必须具有时空不同、对待不同的领悟，分辨异同的敏锐观察力，孰先孰后、孰轻孰重的正确观念，否则就容易掉入引用个人狭隘知识、滥用过去经验的陷阱！

惠施为魏惠王草拟法令，完成后，拿出来给众人看，大家都称赞法令拟得好。把法令献给惠王，惠王也说好。拿给翟翦看，翟翦说："好啊！"惠王又问："这法可以施行吗？"翟翦却说："不可。"惠王感到疑惑："说法令拟得好，却又说不可以施行，为什么呢？"❹

翟翦说："如今抬大木头的人，前面的唱着齐力举重的歌谣，后面的跟着

❸ 夫事有趋同而势异者，非事诡也，时之变耳。《反经·时宜二十一》

❹ 惠子为魏惠王为法。为法已成，以示诸民人，民人皆善之。献之惠王,惠王善之,以示翟翦。翟翦曰:"善也。"惠王曰:"可行邪？"翟翦曰："不可。"惠王曰"善而不可行，何故？"《吕氏春秋·淫辞》

应和,这歌调对抬大木头来说是算好的了,但难道没有更悦耳的郑、卫之音吗?那是因为对抬木头者来说,郑、卫之音不如举重歌谣来得适合啊!治理国家也和抬大木头挑选歌谣一样,法令要适宜啊!"❺

同住一间房子的人和别人打架,要赶去劝阻,即使披头散发,帽子也没戴好,匆匆忙忙地赶去劝阻,也是可以的。但同一乡邻内有人打斗,披头散发,帽子没戴好,匆匆忙忙地赶去劝阻,就是不明事理了。后者,打架的人和自己的关系不够亲,自己就是关起门来不理,也是可以的。❻

宜不宜,就是要依当时当场的"情""形"与"势"判断决定!

无意义,则无"所当"

任何作为,都应该有实际的意义,而且要与道、神、圣、贤心性智慧追求的目标有关联;这是决定所作所为是否得当的一把尺。

言不及义,所讲的没一句正经话,好行小慧,喜欢卖弄小聪明,孔老夫子认为这种人,是难以期望他们在进德修业上有所成就的。❼

没一句正经话、卖弄小聪明,两者都不违反任何法律,公权力也不禁止,是当今媒体的最爱,也是公众人物媚俗、迎合民粹最常做的事,然则孔老夫子为什么要加以批判呢?那是因为言不及义、好行小慧与生命的议题无关,与人生应该追求的目标无涉,是没有意义、纯粹浪费生命时间的事——也就没有"所当"的事!

本于同样的道理,辩说而不符合圣人之道,诚信而不符合人情事理,勇敢而不用在道义上,遵法而不重实际成效,就好像在精神迷乱的状态下骑乘快马,在疯狂状态下挥舞着"干将"宝剑一样。如果有谁会造成天下大乱,那一定是上述四种人了!❽

重视辩说,是因为它阐明圣人之道;重视诚信,是因为它遵循人事情理;重视勇敢,是因为它伸张正义;重视守法,是因为它带来实效。❾

❺ 翟翦对曰："今举大木者，前呼舆谚，后亦应之，此其于举大木者善矣，岂无郑、卫之音哉？然不若此其宜也。夫国亦木之大者也。"《吕氏春秋·淫辞》

❻ 今有同室之人斗者，救之，虽被发缨冠而救之，可也。乡邻有斗者，被发缨冠而往救之，则惑也，虽闭户可也。《孟子·离娄下》

❼ 子曰："群居终日，言不及义，好行小慧，难矣哉！"《论语·卫灵公篇》

❽ 辨而不当论，信而不当理，勇而不当义，法而不当务，惑而乘骥也，狂而操"吴干将"也，大乱天下者，必此四者也。《吕氏春秋·当务》

❾ 所贵辨者，为其由所论也；所贵信者，为其遵所理也；所贵勇者，为其行义也；所贵法者，为其当务也。《吕氏春秋·当务》

对没有所当、托名胡来的事，千万别在上面浪费时间，虚掷生命！所以别讲对身心没有好处的话，别做对身心没有好处的事，别亲近对身心没有好处的人，别去对身心没有好处的地方，别看对身心没有好处的书！❿

无本质，则无依托

此外，任何事，都必须有本质依托，没有本质，则所有原来应该依附在本质上的，都将随风而逝，梦幻一场！

以古代的国君驱使人民为他效力为例：不肖的国君不懂得掌握使用民力的根本做法，只会徒然不断增加威慑的力量；结果是威慑愈多，人民愈不为他效力。亡国之君大多只知道增加威慑去使用民力，却不知道威慑不可以没有，却不能单单只依靠威慑。⓫

就如同盐对食品味道的作用，凡是用盐，总要依附寄托于食品，如果使用的盐量不当，食物也会一起败坏，根本不可食用了！威慑也是一样，一定要有所依托，才能发挥作用。然而，要依托于什么呢？要依托于爱和利；只有国君爱护民众和国君想使民众获利的心意被人民知道，威慑才能发挥作用！⓬

任何事，脱离了原来依托的本质，就是不当！

盗亦有道？胡说八道！

行为要得当，除了要有意义、要有本质依托，另一个要素就是循正确的路线。举例来说，名声的显耀是不能强求的，必须经由它必然的途径，所以要知道某人能不能得到显耀的名声，只要检视他自身是不是具有必备的因素就可以知道答案了。⓭

❿ 勿吐无益身心之语，勿为无益身心之事，勿近无益身心之人，勿入无益身心之境，勿展无益身心之书。《格言联璧·持躬》

⓫ 人主之不肖者，有似于此。不得其道，而徒多其威。威愈多，民愈不用。亡国之主，多以多威使其民矣。故威不可无有，而不足专恃。《吕氏春秋·用民》

⓬ 譬之若盐之于味，凡盐之用，有所托也，不适则败托而不可食。威亦然，必有所托，然后可行。恶乎托？托于爱利。爱利之心谕，威乃可行。《吕氏春秋·用民》

⓭ 名号大显，不可强求，必繇其道。……君子审在己者而已矣。《吕氏春秋·贵当》

不走正确路线所得到的任何东西，不论是名声、财富或地位，都是不当得来的！持有的根基不扎实，没有牢固的本质支撑，即使得到，也是一时侥幸，绝不长久！

跖是古代有名的大盗，他的徒众问他："做强盗，也有道义吗？"跖回答说："怎么会没有道义呢？猜测屋内藏有什么贵重的物品，能猜中就是'圣'；作案前带头先进去，这是'勇'；作案后殿后离开，这是'义'；知道什么时候是作案最好的时机，这是'智'；赃物平均分配，这是'仁'。不通晓这五件事而能成为大盗，天下从来没有过！"❹

"盗亦有道"一词，因此成为后世做强盗、做小偷、混黑道者琅琅上口、自圆其说的名言。像跖这样的胡说八道、乱辩一通，经典是加以严辞谴责的，评曰："若是能强辞矫辩到此，那还不如不辩了呢！"❺

多读经典，万无一失

圣、勇、义、智、仁五者，是要有本质依托的。做强盗，本质是杀人越货；对屋内藏有什么贵重的物品，即使每每猜中，不能称之为"圣"；作案前带头先进去，不能称之为"勇"；作案后殿后离开，不能称之为"义"；知道什么时候是作案最好的时机，不能称之为"智"；赃物平均分配，也不能称之为"仁"。盗的本质不合乎道，盗，必然无道！

做人处世要怎样才能合宜得当，是门艰难大学问，也是一门现代学校教育不教的学问！

"合宜得当"是中华文化为做人所树立的言行举止标准；它的论述和典范，广见于道、神、圣、贤经典之中。要学习如何提升自己的言行举止，要做到言行举止合宜得当，最直接、最有效、最万无一失的方法就是多读经典，以经典中的教诲作为我们言行举止的准则。

❹ 跖之徒问于跖曰:"盗有道乎?"跖曰:"奚啻其有道也?夫妄意关内,中藏,圣也;入先,勇也;出后,义也;知时,智也;分均,仁也。不通此五者,而能成大盗者,天下无有。"
《吕氏春秋·当务》

❺ ……辩若此不如无辩。《吕氏春秋·当务》

第十七篇 · 常行不休

别人休息，我不休息；别人睡觉，我不睡觉。

成功是需要付出代价的，
要有"衣带渐宽终不悔"的决心。
"韧性"是所有领导者都要具备的人格特质，
做任何事，都要持续不断、专心一致、
心无旁骛、坚持到底，
勤能补拙，只要加倍努力，终能成其事功。

努力：成功的必要条件

西方人认为：具有韧性是成功者必备的条件。一本西方管理学畅销书曾列出那些近乎完美首席执行官所具备的二十二项人格特质，其中一项是几乎所有首席执行官都具备的人格特质，那就是韧性。❶

中国人认为：显赫的事功得以建立，固然是天意；但如果因为这样，就不谨慎地努力，那事功也不能建立。❷

本书第一篇《圣贵在功》曾提到，清末民初的国学大师王国维认为古今成大业、大学问者，必定要经过三种不同的境界。❸

其中第二种境界"衣带渐宽终不悔，为伊消得人憔悴"，就是努力的过程。身处这个过程的人，世界由他身边过去，他毫不放在心上，不想理会天下人，孤寂无悔；心中只有一件事，手上只做一桩事，就是去实现在第一种境界"昨夜西风凋碧树，独上高楼，望尽天涯路"，天下没人理你凄凉感伤心境下所立下的志向。

立志和努力这两档事，从来不是在一伙人喧闹、嘻嘻哈哈的情境下进行的。不是第一种境界的心境，就不能痛定思痛地立志！不是第二种境界的心境，就不能孤独、无悔、不息地努力！

专注持续，心无旁骛

做任何事，非持续不断、专心一致心无旁骛，不能成其事功！

要成功，不能一曝十寒。孟老夫子曾说："别怪那齐王不聪明！虽然有天

【典籍出处】

❶ Tenacious. Keep going until something stops you, then keep going. If there was one quality that nearly 100 percent CEOs have, it is tenacity. ——*How To Think Like A CEO*

❷ 功名大立，天也；为是故，因不慎其人不可。《吕氏春秋·慎人》

❸ "古今之成大业、大学问者，必经过三种境界：'昨夜西风凋碧树，独上高楼，望尽天涯路。'此第一境也。'衣带渐宽终不悔，为伊消得人憔悴。'此第二境也。'众里寻他千百度，蓦然回首，那人却在，灯火阑珊处。'此第三境也。此等语非大词人不能道。然遽以此意解释诸词，恐为晏、欧诸公所不许也。"《人间词话》

下最容易生长的东西，但是一天曝晒，却又十天阴寒，它也不能够生成长大。我见到齐王的时间很少，而我离开后，那些阴寒齐王的小人又去接近他；我就像是让齐王冒出了一点芽而已，又有什么用呢？" ❹

这段话是成语"一曝十寒"的由来。其实，要想成就任何功业，别说一曝十寒了，就是一曝一寒、甚至十曝一寒都不行！想成功，一定要持续不断的努力。

要成功，必须专心一致。下围棋本是小技艺，但如果不专一，也不能学得精通。弈秋是全国最会下棋的人，让弈秋教两个人下棋，一人专心一致把弈秋所教的全都记在心中，另一个人虽然也在听，却一心以为大雁将要飞来，想用绳子绑在箭上以弓射之，虽然是和别人一同学习，却总是比不上人家！❺

这是聪明不如别人吗？当然不是！是因为不能专心一致啊！❻

要成功，定要心无旁骛。颜回夫子的"一箪食，一瓢饮"，大家耳熟能详，宋朝苏辙曾不解颜回夫子为何要如此自苦，稍稍张罗衣食不也很容易吗？等到后来自己努力治学时才领悟：书要读通，必得心无旁骛，当抛下一切其他事务，专心治学时，哪还有什么闲功夫顾吃什么、喝什么呢？❼

而汉朝董仲舒的专心治学，在《汉书》中也有所记载。所谓"三年不窥园"，指的是"虽有园圃，不窥视之，言专学也"，讲的就是董仲舒治学的心无旁骛！❽

坚持到底，始终如一

天地所以循环无端，积成万古者，只是四个字："无息有渐"。圣人的学习也是一样，纵使是生而知之的圣人，虽然非常聪明，但是要有所成就，还是离不开这四个字。❾

开始做一件事，要自强不息；即使到了有所成就，也还要至诚无息。能够这样，做事才会成功，成果才会永续长久！❿

"功亏一篑"来自孔老夫子鼓励不息的教诲：以堆土为山为例，还差那一

❹ 孟子曰:"无或乎王之不智也!虽有天下易生之物也,一日暴之,十日寒之,未有能生者也。吾见亦罕矣,吾退而寒之者至矣。吾如有萌焉何哉!"《孟子·告子上》

❺ 今夫弈之为数,小数也;不专心致志,则不得也。弈秋通国之善弈者也。使弈秋诲二人弈,其一人专心致志,惟弈秋之为听。一人虽听之,一心以为有鸿鹄将至,思援弓缴而射之,虽与之俱学,弗若之矣。《孟子·告子上》

❻ 为是其智弗若与?曰:非然也。《孟子·告子上》

❼ 子曰:"贤哉,回也!一箪食,一瓢饮,在陋巷,人不堪其忧,回也不改其乐。贤哉,回也!"《论语·雍也篇》
然后知颜子之所以甘心贫贱,不肯求斗升之禄以自给者,良以其害于学故也。苏辙《东轩记》

❽ 董仲舒,广川人也。少治《春秋》,孝景时为博士。下帷讲诵,弟子传以久次相授业,或莫见其面。盖三年不窥园,其精如此。进退容止,非礼不行,学士皆师尊之。《汉书·董仲舒传》

❾ 天地所以循环无端积成万古者,只是四个字,曰"无息有渐"。圣学亦然,纵使生知之圣,敏则有之矣,离此四字不得。《呻吟语·谈道》

❿ 下手处是自强不息,成就处是至诚无息。《呻吟语·谈道》

篑土，停止不做了，那就是停止了。又以铲土成为平地为例，只铲了一篑土，继续铲下去，就是成功在望！⑪

孟老夫子也说过类似的话：山上只容得一人徒步的小径，要是有人常常走过，就会变成一条大路；而若过了一段时间没有人走，茅草就会塞满路径。⑫

要有作为的人，得像掘井一样；但即使是已经挖掘到九仞深了，还见不到水，若就停止不挖，仍是一口没有用的废井。⑬

19世纪末、20世纪初著名的俄国芭蕾舞者安娜·巴甫洛娃（Anna Pavlova）也说：永不停止地向一个目标迈进，就是成功的秘密。（To follow, without halt, one aim: There's the secret of success.）

春秋时代齐国大夫梁丘据对晏子说："我到死也追不上你啊！"晏子回道："我听说，只要不停地做，就可以把事情做成，不停地走，就一定可以走到目的地；我和别人没有什么不同，只是做个不停、走个不停罢了，所以别人难以赶得上我。"⑭

晏子太谦虚了，他的"常为不置""常行不休"，是一般人做不到的，这是他胜过一般人的地方，也是成就事功最大的原因！

人休我不休，愈努力愈好运

要广博地学习，详细地审问，慎重地思考，明白地分辨，切实地实践。不学则已，既然要学，不学到通达晓畅绝不罢手；不求教则已，既然求教，不到彻底明白绝不罢手；不思考则已，既然思考了，不想出一番道理绝不罢手；不分辨则已，既然分辨了，不到彻底明白绝不罢手；不做则已，既然做了，不确实做到圆满绝不罢手。⑮

人的聪明才智各不同，我的聪明才智纵不如人，别人做一次能做好的，我

⑪ 子曰:"譬如为山,未成一篑,止,吾止也。譬如平地,虽覆一篑,进,吾往也。"《论语·子罕篇》

⑫ 孟子谓高子曰:"山径之蹊间,介然用之而成路;为间不用,则茅塞之矣。今茅塞子之心矣。"《孟子·尽心下》

⑬ 孟子曰:"有为者,辟若掘井;掘井九轫而不及泉,犹为弃井也。"《孟子·尽心上》

⑭ 梁丘据谓晏子曰:"吾至死不及夫子矣。"晏子曰:"婴闻之,为者常成,行者常至;婴非有异于人也,常为而不置,常行而不休者,故难及也。"《说苑·建本第三》

⑮ 博学之,审问之,慎思之,明辨之,笃行之。有弗学,学之弗能,弗措也;有弗问,问之弗知,弗措也;有弗思,思之弗得,弗措也;有弗辨,辨之弗明,弗措也;有弗行,行之弗笃,弗措也。《中庸》

做一百次总能做好，别人做十次能做好的，我做一千次总能做好。如果能照着这个道理做，虽是最笨的人，也一定能明白事理，虽是最懦弱的人，也一定能坚强起来。❶❻

这里所阐述的道理就是"勤能补拙"！

甯越是战国时代周威公的老师，他原本是中牟的乡野之人，苦于耕种的辛劳，问朋友要怎样才能免受这样的痛苦？朋友说："不如去读书吧，读了二十年就可以有所成就了。"甯越说："那就给我十五年吧。别人休息，我不休息；别人睡觉，我不睡觉。"❶❼

十五年学成之后，甯越被周威公延请为老师。❶❽

甯越有才干又努力不懈，他能成为诸侯国君的老师，岂不是应该的！❶❾

甯越成功的原因很简单，值得我们学习，那就是"人休，我不休；人卧，我不卧"！

二次世界大战时的英国首相丘吉尔（Winston Churchill）曾说过这么一段话："由一次失败到另一次失败，却不减努力的热情，这种能力就是成功。"（Success is the ability to go from one failure to another with no loss of enthusiasm.）

不减热情地持恒努力，不屈不挠，不放弃，就是成功！能够做到这样的人，成功一定到手，一定会成功！

美国大发明家爱迪生（Thomas Edison）曾说："机会常常被大多数人所错失，因为机会披着一件像是工作的外衣。"（Opportunity is missed by most because it is dressed in overalls and looks like work.）

美国第三任总统杰斐逊（Thomas Jefferson）曾说："我是非常相信好运的人，而我发现我工作愈努力，我就愈好运。"（I am a great believer in luck and I find the harder I work the more I have of it.）

看似工作、其实是披着外衣的机会；看似工作，其实是好运的化身；只要勤下工夫、不屈不挠、持恒努力，机会、好运、甚至成功的真实面

❻ 人一能之己百之，人十能之己千之。果能此道矣，虽愚必明，虽柔必强。《中庸》

❼ 宁越，中牟鄙人也，苦耕之劳，谓其友曰："何为而可以免此苦也？"友曰："莫如学，学二十年则可以达矣。"宁越曰："请十五岁。人将休，吾将不休；人将卧，吾不敢卧。"《说苑·建本第三》

❽ 十五岁学而周威公师之。《说苑·建本第三》

❾ 今宁越之材而久不止，其为诸侯师，岂不宜哉！《说苑·建本第三》

貌都会降临显现！

兔不如龟，跛鳖胜六骥

走得快的人，走了两里就停下来，走得慢的人，走了百里还不停止。❷⓿

龟兔赛跑的故事，讲的就是这样的教训：慢慢爬、却不休息、一直向前走的乌龟赢过跑得快但停了下来、贪睡误事的兔子！

骐骥良驹，一天可以奔驰千里之远，劣马虽差，但跑上个十天，也可以跑完那距离。如果穷极到无穷，追逐无边的目的，那劣马跑得折骨断筋，也终身不可能追上良驹。但如果是有止境、有终点目的者，即使千里之遥，纵使是有慢、有快、有先、有后，谁说劣马追不上良驹呢？❷①

以求学、做学问而言，如果说我迟迟在后，走在前面的人停下来等我，我就赶快追上去，那么虽然也有慢、快、先、后之分，但谁说我不能和前人同样地到达目的地呢？所以即使是半步半步地走，只要走个不停，跛脚的鳖也可以走上千里；累积沙土，只要不停止，山丘也会成形；一面压制住水源，一面打开水渎，虽是大江大河，水也会流尽！❷②

一进一退，一左一右，六匹良驹所拉的马车也会因为步调不齐而不能到达目的地。人的才性差异，哪有跛鳖和六骥间的差距那么大？然而跛鳖可以到达目的地，六骥却做不到，这没有别的原因，只是持恒地做和断续不做的分别罢了！❷③

读了跛鳖和六骥之间的比较，你要做谁呢？若能选择，我宁可做只跛鳖，时时以缺点和不足惕厉自己，扮演那屈居下风——Underdog、追赶者——的角色，在不被六骥看好注意下，默默努力，在六骥骄恣放松的轻敌状况下，逆转达阵！取得胜利！

❷⓿ 夫走者之速也，而过二里止；步者之迟也，而百里不止。《说苑·建本第三》

❷❶ 夫骥一日而千里，驽马十驾，则亦及之矣。将以穷无穷，逐无极与？其折骨绝筋，终身不可以相及也。将有所止之，则千里虽远，亦或迟、或速、或先、或后，胡为乎其不可以相及也！《荀子·修身第二》

❷❷ 故学曰："迟彼止而待我，我行而就之，则亦或迟、或速、或先、或后，胡为乎其不可以同至也！"故跬步而不休，跛鳖千里；累土而不辍，丘山崇成。厌其源，开其渎，江河可竭。《荀子·修身第二》

❷❸ 一进一退，一左一右，六骥不致。彼人之才性之相县也，岂若跛鳖之与六骥足哉！然而跛鳖致之，六骥不致，是无他故焉，或为之，或不为尔！《荀子·修身第二》

要先难才能后获

"先难后获"是定律，天下万般好事都必须历经重重困难才会有所结果，这是任何人要成就功业所必须具备的第一项心理建设。

认清这个定律，从此只顾一路向前行，不论外在环境多么恶劣，即使千人毁万人谤也不改初志。一个月这样，一年也这样，久久没结果还是这样。经年累月下来，事情自然没有不成的理由！❷

万般先难后获的事都急不得、快不来！领悟先难后获的道理，人便能把心定下来，不改初衷，始终如一地向着目标前进；心急求快只会拔苗助长，欲速则不达，是毁掉未来大好结果的败笔！❷

再加一句：要认清楚重重困难是之后有所收获理所当然的先决条件，因此只顾一路向前，不论外在环境多么恶劣，也不改变最初心志！从事一件艰难工作时，若能当成目标已经达成，心中想着："要达到的目标已经达成，这成功的结果已经刻在石板上了，剩下的只是走过困难、吃完苦头，补完应有的过程罢了！"

能够这样想，就可以用乐观快乐的心境，面对常行不休过程中的各种横逆，一路迈向目标和成功！

依循正确的方法和方向

努力更要讲方法，为之必由其道，一定要依循着正确的方法途径做。在为某个目标努力这档事上，最困难的不是常行不休、人休我不休、持恒持续地努力，选择努力的正确方法和方向才是最困难的！

❷❹ 先难后获，此是立德立功第一个主张。若认得先难是了，只一向持循去，任千毁万谤也莫动心。年如是，月如是，竟无效验也只如是，久则自无不获之理。《呻吟语·谈道》

❷❺ 故工夫循序以进之，效验从容以俟之。若欲速，便是揠苗者，自是欲速不来。《呻吟语·谈道》

想成就大事业却不经一段艰苦的奋斗过程，这是古今从来没有的事。这就是贤明国君和不肖国君所以截然不同的原因。贤明国君和不肖国君希望自己名声显耀的欲望和常人一样，包括帝尧这样的贤君，夏桀、周幽王、周厉王这样的昏君莫不如此，但他们用来达到目的的方法则全然不同。㉖

贤明国君遇事总是先加审察，审察的结果认为不能做就不做，认为能做就做；做的时候，依循着一定的方向途径，所以外物不能妨害，这就是他们的功业超过不肖国君千倍万倍的原因。㉗

努力更要讲求方向。就像速率和速度是两件不同的事；速率没有方向之分，速度则有特定的方向。就努力而言，有人以善为目的而努力，也有人以利为目的而努力，更有人以恶为目的而努力。

师法帝舜的人，每天鸡鸣就起，努力为善；师法大盗跖的人，也是每天鸡鸣就起，为追逐私利而努力不懈。㉘

为了世界整体着想，我们宁可那些像盗跖一样为私利而努力的人懒一点，别那么努力！他们懒一点，少努力一点，世界上对利益的竞逐就会少一些！

把握当下，趁早开始

人的任何成果，都是以血汗为经，以时间为纬，一针一线编织出来的。古人有"三年有成"的说法，就是强调任何事都必须经过长时间的努力才能有所成果。㉙

既然长时间的努力是有所成果的必要条件，舍它不成，没有例外，则什么时候才能看到努力的成果，结论就呼之欲出了：早开始努力，早看到成果，晚开始努力，晚看到成果！

这个结论配上《小窗幽记·集素篇》所言，道出了"人生无常，生命短暂"的真相：

❷❻ 霸王有不先耕而成霸王者，古今无有。此贤者不肖之所以殊也。贤不肖之所欲与人同，尧、桀、幽、厉皆然，所以为之异。《吕氏春秋·贵当》

❷❼ 故贤主察之，以为不可，弗为；以为可，故为之。为之必繇其道，物莫之能害，此功之所以相万也。《吕氏春秋·贵当》

❷❽ 孟子曰："鸡鸣而起，孳孳为善者，舜之徒也；鸡鸣而起，孳孳为利者，跖之徒也。欲知舜与跖之分，无他，利与善之间也。"《孟子·尽心上》

❷❾ 子曰："苟有用我者，期月而已可也；三年有成。"《论语·子路篇》

人生自古七十少，前除幼年后除老。中间光景不多时，又有阴晴与烦恼。到了中秋月倍明，到了清明花更好。花前月下得高歌，急须满把金樽倒。世上财多赚不尽，朝里官多做不了。官大钱多身转劳，落得自家头白早。请君细看眼前人，年年一分埋青草。草里多多少少坟，一年一半无人扫。

不论做什么，都把握当下，选择正确的方向，采用正确的方法，做只跛鳖，趁早开始努力吧！

第十八篇·抱道待时

人生成败，都在得时、当运、有命。

人如果不能得时，好勇、爱拼、善谋都不足以取胜。
得时的关键在于"抱道以待其时"，
它是广博、积极、动态的，是耐心加努力的展现。
能够做到这一点，当时机来临的时候，
便能抓住契机，施展抱负，飞黄腾达！

不得时无法成功

随着年龄的增长和人生阅历的丰富，人会发现：许多小时候被教导的观念，竟然都和现实有段落差。成长过程中被教导：只要努力以赴，就会有想要的结果；社会上喧嚣高唱：爱拼就会赢，不退缩、不让步就能赢；有了年纪后才发现：好勇、爱拼、善谋都不是成功的充分条件，甚至于还不是成功的必要条件！

历史上以足智多谋著称的诸葛亮，在他所写的兵书《将苑》中，告诫身为将帅的人一定要顺天、因时、依人，才能取得胜利；得了天、得了人，却没有得时，称为逆时；得了时、得了人，却没有得天，称为逆天；得了天、得了时，却没有得人，称为逆人；而有智慧的兵家会做到"三不"：不逆天，不逆时，不逆人。❶

得天、得时、得人，三者兼得，是战争中打败敌人，或是在人生中任何事情上获得成功的充分条件。而"天"会随时间而变，"人"也会随时间而变；如果把"天"和"人"都纳入一个比较广义的"时"，我们或许可以简化地说：宇宙之间，如果真有一个条件可以单独地造就成功，称得上是成功的充分条件，应该只有"得时"这个条件了！

人如果不能得时，勇气、爱拼、善谋都是白忙一场！不得时，不能成功！

天时非一己可以创造

兵法中对"天"字有所说明，指的是昼夜、晴雨、晦明、四季寒暑、时间的限制和孕育。"天"是人所不能主宰的事。❷

【典籍出处】

❶ 夫为将之道，必顺天、因时、依人以立胜也。故天作、时不作而人作，是谓逆时；时作、天不作而人作，是谓逆天；天作、时作而人不作，是谓逆人。智者不逆天，亦不逆时，亦不逆人也。《将苑·智用第十四》

❷ 天者，阴阳、寒暑、时制也。《孙子兵法·始计第一》

兵法中对"天时"也有说明，论述善用天时的用兵之道，以天时之名，称为"天战"。

凡要发动军队、动员群众，讨伐有罪、拯救人民，一定要顺应天时。所谓的天时，就是敌国国君昏庸、朝政混乱、军队骄恣、人民困顿、放逐贤人、诛杀无辜、发生旱灾、蝗灾冰雹。只要敌国发生了这些状况之一，发兵攻打，没有不得到胜利的！所以兵法说："顺应天时，就能够掌控征讨的好结果。"❸

因此，"天时"是能够造就成功结果的有利外在环境，具有迈向成功的态势和动能，不是一己可以创造，而是许多因素共同孕育生成的，包括了"天"所代表、人所不能主宰的昼夜、晴雨、晦明、四季寒暑、时间的限制和孕育。天在天时之内！

若要找个其他名称来描述"天时"所指的有利外在环境，应该可以马上把它和"时""时机"划上等号。带来成功结果的"时""时机"，神奇奥妙，得天所助，为天所赐，故称"天时"！

"得时"就是幸运遇上对自己有利的"天时"！

耐心以待天时

"时"与"天时"这种非一己所能造就掌控的特性，反映在人倒霉时，常常自怨自艾，叹生不逢时！

《诗经·大雅》是朝会之乐，浑厚大淳；《桑柔》是感叹政昏臣邪，是非颠倒，民风败坏的诗。其中就提到生不逢时：忧心殷殷，思念我的家乡。感叹自己生辰不好，碰到老天爷盛怒，从西到东，没有安定的地方。感叹自己遭遇的苦难太多，边境上纷扰的问题也太多了！❹

害怕生不逢时，祈求得到天时，可不是平凡人的专利！升斗小民如此，国君、老板、大腕、A咖所涉的得失更大，更是如此！

❸ 凡欲兴师动众，伐罪吊民，必在天时，非孤虚向背也。乃君暗政乱，兵骄民困，放逐贤人，诛杀无辜，旱蝗冰雹，敌国有此，举兵攻之，无有不胜。法曰："顺天时而制征讨。"
《百战奇略·天战第八十五》

❹ 忧心殷殷，念我土宇。我生不辰，逢天僤怒。自西徂东，靡所定处。多我觏痻，孔棘我圉。《诗经·大雅·桑柔》

但感叹生不逢时的人，不必悲伤，也不要悲观！三十年河东，三十年河西，风水轮流转，时会变的！事情具有同样的因素，结果局势却迥然不同，这不是事情诡异，只是时间不同罢了！❺

熬过让你感到生不逢时的艰困时期，时间不同，就可能有迥然不同的局势；关键就在耐心等到对你有利的天时。

得时，而后成

一、及时就是得时

古时候的农业社会，庄稼要有所收成，辛苦的汗水不要白流，就要有雨水适时的灌溉，而久旱之后终于盼到的雨水，称之为"及时雨"。

施恩予人，给予援手，多少不是重点，在受者最极切需要的时候给予才是重点；在人最迫切需要的时候施予壶浆，往往得到受者为你卖命的回报。❻

条件及时生成，就是得时！

二、立功成名首在得时

庄稼得雨、施恩救援如此，治国平天下也是如此。万分理性、讲求效果的法家韩非就认为：任何圣明的国君要立功成名，有四个条件，而第一个——想必也是最重要的一个——就是天时。❼

天时为什么重要？天时有多重要？韩非拿稻谷的成长收成作为例子：不顺着天时，即使有十个帝尧，也不能让稻谷在冬天生出一颗稻穗；得到天时，则不需耕作，谷物自然就会生长。❽

我们的老祖宗早就知时，知道天时的重要了！

❺ 夫事有趋同而势异者,非事诡也,时之变耳。《反经·时宜二十一》

❻ 恩不论多寡,当厄的壶浆,得死力之酬。《小窗幽记·集醒篇》

❼ 明君之所以立功成名者四:一曰天时,二曰人心,三曰技能,四曰势位。《韩非子·功名》

❽ 非天时,虽十尧不能冬生一穗……故得天时则不务而自生。《韩非子·功名》

三、善谋不如当时

《管子》有《霸言第二十三》一篇,阐述成就霸王功业之道在于善用权谋,而权谋所该考量的各种因素中,非常重要的一个,就是时。

圣人可以相时而动,但不能违逆时机;智者虽然善谋,还不如适时而动;精察时机的人,费时少而成功多。谋划无主见,便会陷入困顿,事情没准备,便废弃无功。❾

四、性得时而后能明

人躲不过时,躲不过大环境的冲击和影响!

历阳城因为地震,一个晚上就水淹变成湖泊,发生了这种事,不论是勇猛有力的人、无所不知的聪明人,或是疲弱胆怯的人和不肖的人,大家都遭遇到同样的命运,没有丝毫不同;在巫山上,顺着风纵把火,膏夏紫芝等大树和萧艾等小草一起都被烧死,也没有任何不同。所以,黄河里的鱼视力不会很好,稚嫩的禾苗被霜打死,不能生长,都是生长环境造成的。❿

所以,天下太平时,即使是愚蠢的国君,也不能一个人就把国家搞乱;天下混乱时,就算是有智慧的国君,也不能一个人就把国家搞好。身处混浊的世代,却责怪大道不能行于天下,就好像用绳索双双绊住骐骥良驹的脚,却还要求它们日行千里一样。把猿猴关在栅槛之中,它们就和猪豚一样,不是猿猴不机巧敏捷,而是所处的环境不让它们尽情施展啊!⓫

帝舜在耕种和制作瓦器时,就连为乡里带来好处都做不到;等到他南面而王登上天子之位,就能广施恩德给四海的人民。这并不是他的仁德在成为天子之后有所增加,而是他成为天子之后,所处的地位形势便于他施恩给天下啊!⓬

古代的圣人,和柔、愉悦、安宁、清静,这是他的本性;他的理想能够实现,大道能够推行,是命所决定的。所以,性遇到相辅相成的命,然后能实现理想;命得到相辅相成的性,然后能实现而彰显大道。以乌号良木做的弓、豁子国所

❾ 圣人能辅时，不能违时。知者善谋，不如当时。精时者，日少而功多。夫谋无主则困，事无备则废。《管子·霸言第二十三》

❿ 夫历阳之都，一夕反而为湖，勇力圣知与罢怯不肖者同命；巫山之上，顺风纵火，膏夏紫芝与萧艾俱死。故河鱼不得明目，稴稼不得育时，其所生者然也。《淮南子·俶真》

⓫ 故世治则愚者不能独乱，世乱则智者不能独治。身蹈于浊世之中，而责道之不行也，是犹两绊骐骥，而求其致千里也。置猨槛中，则与豚同，非不巧捷也，无所肆其能也。《淮南子·俶真》

⓬ 舜之耕陶也，不能利其里；南面王，则德施乎四海。仁非能益也，处便而势利也。《淮南子·俶真》

制的弩，不能没有弦就把箭射出去；越国的小船、蜀地的独木舟，不能没有水而飘浮起来。现在系有丝绳射鸟的箭矢正要往上射，网子又张在下面，鸟儿即使想飞，所处的形势又怎么能允许它做到呢？❸

一点不错！一个人必须身处在适合他一展才能的世代，才能成就功业！性遭命而后能行，命得性而后能明；命，不过就是时罢了！

难易不在小大，在知不知时

圣人的行事，看起来缓，心志却是急于求成的，过程看来很慢，实际上却是很快的，那是因为他善于等待正确的时机。❹

周文王的父亲王季历困辱而死，文王为此非常痛苦，又忘不了自己被纣王关在羑里的耻辱，他之所以没有出兵伐纣，是因为时机未到！武王侍奉纣王，从早到晚不敢懈怠，但也忘不了被纣王关在玉门的耻辱。武王继位的第十二年，终于在甲子这一天大败纣王的军队，消灭了商纣，这说明得到时机是多么不容易！姜太公是东夷的贤士，想平定天下，却没能遇到贤明的国君，听说了文王的贤德，所以在渭水边垂钓，以观察文王的品德。❺

圣人对时机的掌握，就如同脚步和它的影子一样不可分离。所以有道之士在没有遇到时机时，就隐匿潜藏分散在各地，勤奋修炼本领，以等待时机的到来。当时机来到，有的人从平民一跃而成为天子，有的从诸侯而得到天下，有的从卑贱的地位而辅佐天子，有的从原来一介武夫，因为效命于知遇之主，而得以向万乘之王复仇。因此，圣人最看重的，唯有时机！❻

水还结冰时，后稷不会去耕种，他的耕种一定等到春天来临。所以，人即使有足够的智慧，但没有遇到时机，也不能建立事功。正像树叶茂盛时，终日摘取也不觉得叶子减少；而秋天一降霜，即使没人摘取，树叶也掉光了。所以事情的难易不在事的大小，关键在于知道掌握时机。❼

❸ 古之圣人，其和愉宁静，性也；其志得道行，命也。是故性遭命而后能行，命得性而后能明，乌号之弓、谿子之弩，不能无弦而射；越舲蜀艇，不能无水而浮。今矰缴机而在上，罾张而在下，虽欲翱翔，其势焉得？《淮南子·俶真》

❹ 圣人之于事，似缓而急、似迟而速以待时。《吕氏春秋·首时》

❺ 王季历困而死，文王苦之，有不忘羑里之丑，时未可也。武王事之，夙夜不懈，亦不忘王门之辱，立十二年，而成甲子之事。时固不易得。太公望，东夷之士也，欲定一世而无其主，闻文王贤，故钓于渭以观之。《吕氏春秋·首时》

❻ 圣人之见时，若步之与影不可离。故有道之士未遇时，隐匿分窜，勤以待时。时至，有从布衣而为天子者，有从千乘而得天下者，有从卑贱而佐三王者，有从匹夫而报万乘者，故圣人之所贵唯时也。《吕氏春秋·首时》

❼ 水冻方固，后稷不种，后稷之种必待春，故人虽智而不遇时无功。方叶之茂美，终日采之而不知，秋霜既下，众林皆羸。事之难易，不在小大，务在知时。《吕氏春秋·首时》

《吕氏春秋·首时》一篇又名作《吕氏春秋·胥时》，举了不少例子，而不论"首时"——所贵为时，或是"胥时"——等待时机，都在说明时的重要！

得时功倍，失时无功

要成功，努力所累积的效果和能量，必须超过成功所需要的门槛。得时的好处在于：它要不是增加了努力所累积的效果和能量，就是降低了成功所需要的门槛——两者中的任一条路都使得成功比较容易达成！

孟老夫子在与弟子公孙丑对话时，提出"时"的重要，引用了齐国人的说法："做事时，虽有智慧，但不如借重有利的局势；务农时，虽然有锄头等工具，还不如等待适于耕种的时节。"❶⓼

孟老夫子认为在战国时代那个交相争利、战争频繁、人民生活水深火热的时代，如果有万乘之国的国君能够施行仁政，必会得到天下人民的喜悦、爱戴和归顺，就像是把倒悬的人解救下来得到感激一样。做事情、出力只要古人的一半，功效却必定是古人的一倍，这只有在人民渴望王者兴起时才是如此；这就是"时"的重要：得时，可以事半功倍，失时，必会徒劳无功！❶⓽

抱道以待其时

《黄石公素书》是汉初三杰中的张良，在刺杀秦始皇失败后躲避追捕的日子里，在圯桥遇到黄石公，通过黄石公对他心性的考验，被赐赠的书籍。这本只一千三百余字、薄薄的一本书，是张良之所以能辅佐刘邦在楚汉相争中赢得胜利、建立大汉帝国的心性智慧来源，而"抱道以待其时"就是其中重要的核

❶❽ 齐人有言曰："虽有智慧，不如乘势；虽有镃基，不如待时。"今时则易然也。《孟子·公孙丑上》

❶❾ 当今之时，万乘之国行仁政，民之悦之，犹解倒悬也。故事半古之人，功必倍之，惟此时为然。《孟子·公孙丑上》

心思想。

知道了天时的重要,又怎样?知道了天时的重要,接着就该看看天时是不是站在自己这一边。如果有可以趁势而起的契机,就该当机立断,放胆放手去做想做的事,成功有望!而如果天时不在自己这一边,无势可供借力使力,则"抱道以待其时"的重要心性智慧就派上用场了!

有智慧的人和君子,明白国家强盛衰亡的根由,通晓盘算功业成功失败的机会;审慎考量天下平治混乱的态势,理出选择出世或退隐的理由。所以他们经营人生的策略是:在时机没成熟时,潜居起来,持守着大道,以等待他们可以成功的时机来到。❷

能够做到"抱道以待其时"的人,当时机来临时,施展抱负,可以飞黄腾达,登上一人之下、万人之上的高位;抓住契机采取行动,可以建立前无古人、后无来者的绝代奇功。而如果终究天不从人愿,没有遇到可以乘势而起的时机,也就这样过了一生。只是这样的人,他的道行够高,名声一直会流传到后代,为人所景仰!❷

特别要提出来的是,别为了"如其不遇,没身而已"的说法而气馁!老天爷有眼,风水轮流转,一个人每十年总会行次大运;只要做到抱道以待其时,成就功业的有利时机总是会来的!

广博、积极、动态的作为

由字面上看得出,抱道以待其时是一项需要耐心的智慧修炼。字面上容易忽略的是,抱道以待其时不是啥事都不做,不是消极地虚度光阴、放牛吃草、枯等那"时"的从天而降!它其实是广博、积极、动态的,是耐心加努力的展现!

圣明的国君务求准备充分,再慎重把握时机。以充分的准备等待时机的来到,再依据时机办事,时机一到而乘势起兵。❷

❷⓿ 贤人君子,明于盛衰之道,通乎成败之数,审乎治乱之势,达乎去就之理。故潜居抱道以待其时。《黄石公素书·原始章第一》

㉑ 若时至而行,则能极人臣之位;得机而动,则能成绝代之功。如其不遇,没身而已。是以其道足高,而名重于后代。《黄石公素书·原始章第一》

㉒ 是以圣王务具其备,而慎守其时。以备待时,以时兴事,时至而举兵。《管子·霸言第二十三》

"抱道以待其时"的人，在等待时，除了还没浮出台面、吹起攻击的号角、做一心想做的大事外，所有的时间精神都应该用在准备的功夫上（第八篇《不豫则废》），鸭子划水、勤练功夫、备齐攻击号角响起后克敌制胜的条件！别被"抱道"这看似两手抱在胸前、非常静态的词汇所惑！抱道——拥抱大道的精义内涵，是最广博、最积极、最动态不过的作为了！

　　以张良为例，若非在遇到刘邦之前——在他"抱道以待其时"的时候——把整本《黄石公素书》读了个滚瓜烂熟、融会贯通，又岂能在楚汉相争的几个关键时刻，以《黄石公素书》中的心性智慧，对刘邦适时提出高明正确的建议，避免了失误和失败，争取到胜利的契机和成功，进而辅佐刘邦建立了大汉帝国？

能造就成功的有利外在环境

　　讲到天时，就不能不想到孟老夫子所讲的："天时不如地利，地利不如人和"。这和本篇所阐述"天时"的奇妙重要，有所冲突吗？ ❷❸

　　孟老夫子所讲的天时，和本篇所讲的"时""天时"不尽相同。本篇的时、天时是广义的、是能造就成功结果的有利外在环境、是《百战奇略·天战第八十五》中所指的天时，包括会随时间而改变的天，也包括会随时间而改变的人。孟老夫子所讲的天时，可能比《孙子兵法·始计第一》中所指的天广阔了点，却既不包括地利也不包括人和，范围是相对局限的。

　　《孟子》所云"天时不如地利，地利不如人和"，和本篇所讲"天时"的奇妙重要，并不冲突。

❷❸ 孟子曰："天时不如地利，地利不如人和。三里之城，七里之郭，环而攻之而不胜；夫环而攻之，必有得天时者矣；然而不胜者，是天时不如地利也。城非不高也，池非不深也，兵革非不坚利也，米粟非不多也；委而去之，是地利不如人和也。故曰：域民不以封疆之界，固国不以山谿之险，威天下不以兵革之利。得道者多助，失道者寡助。寡助之至，亲戚畔之；多助之至，天下顺之。以天下之所顺，攻亲戚之所畔；故君子有不战，战必胜矣！"《孟子·公孙丑下》

得时、当运、有命

人在时运不济、尚未得时的时候，要不为艰困的际遇所击倒，定下心抱道以待其时，勤练道、神、圣、贤传世的功夫。人在时来运转、要什么有什么的时候，更不应该被顺利成功冲昏了头，要领悟任何成功都是由时而来，可不是自己有什么了不起！

这个道理，没有谁比在宋朝时三次拜相的吕蒙正领悟得更透彻了！他写了一篇《破窑赋》，一则勉励那些穷途末路、潦倒不堪的失意人，再者也警惕那些飞黄腾达、意气风发的得意人！

蛟龙没有遇到它的时，只能潜身在平凡的鱼虾之间；君子失去了时，只有在小人鼻息下讨生活。天不得时，日月无光；地不得时，草木不长；水不得时，风浪不平；人不得时，利运不通。万物的成就都靠得时，万物的失败都在失时！❷

吕蒙正年少在洛阳时，穷困异常，白天投靠僧院念书，夜间睡在寒冷的破窑里，布衣不能遮体，淡粥无法充饥；位高者憎恶他，下人也讨厌他，都说吕蒙正是个下贱的人！吕蒙正感叹道："这不是我天生下贱啊！这是时也！运也！命也！"❷

等到吕蒙正及第登科考上状元，一路升官升到极品，位列三公，有可以鞭挞百官的权杖，有斩诛鄙吝的尚方宝剑；出门有壮士执鞭驾车，入则佳人捧秧；穿的是绫罗锦缎，吃的是山珍海味，上位的人宠爱他，下人也拥戴他，人人都仰慕吕蒙正，都赞美他尊贵！吕蒙正感叹地说："这不是我天生尊贵啊！这是时也！运也！命也！"❷

人生成败，都在得时、当运、有命。失意的人，别气馁，抱道以待其时就好！成功的人，别得意，也要抱道以用其时、以享其时才好！

㉔ 蛟龙未遇，潜身于鱼虾之间；君子失时，拱手于小人之下。天不得时，日月无光；地不得时，草木不长；水不得时，风浪不平；人不得时，利运不通。《破窑赋》

㉕ 昔时也，余在洛阳。日投僧院，夜宿寒窑，布衣不能遮其体，淡粥不能充其饥；上人憎，下人厌，皆言余之贱也！余曰：非吾贱也，乃时也！运也！命也！《破窑赋》

㉖ 余及第登科，官至极品，位列三公，有鞑百僚之杖，有斩鄙吝之剑；出则壮士执鞭，入则佳人捧秧；思衣则有绫罗锦缎，思食则有山珍海味，上人宠，下人拥，人皆仰慕，言余之贵也！余曰：非吾贵也，乃时也！运也！命也！《破窑赋》

索引

- 《九天玄姆治心消孽真经》 二五
- 《人生十论》 二五九，二七五
- 《人间词话》 三〇五
- 《三十六计》第八计·暗度陈仓 一二三

  第三十二计·空城计 一二五
- 《大学》经一章 七，二〇五，二四七，二五九，二七五，二八一
- 《小窗幽记》集醒篇 一五三，三二五

  集豪篇 二八三，二八五 / 集法篇 一〇五
- 《中庸》 一四五，二〇七，二四一，二五九，三〇九，三一一
- 《尹文子》大道上 二二五，二三一 / 大道下 七三
- 《六韬》文韬·守国 一七九

  武韬·文伐 一五五，一七一，一九五

  武韬·兵道 一七九 / 龙韬·王翼 二四三

  龙韬·论将 六五，二五一 / 龙韬·军势 一八五

  龙韬·奇兵 七五，七九 / 豹韬·少众 一三九
- 《反经》原序 四三，四五

  时宜二十一 二九五，三二五 / 定名四十 二二一
- 《太公阴符经》神仙抱一演道章 一七九
- 《文子》九守·守虚 一一三

  九守·守真 九九 / 道德 一七，三五，三七

  微明 九，五九，一四七，二五九 / 自然 六三

- 《司马法》仁本第一　二三
- 《史记》太史公自序　二五三／越王勾践世家　二五七

　　　　白起王翦列传　一九／孟尝君列传　二五五
- 《左传》襄公十一年　一五一
- 《石头记》第一回　九三／第一百六十回　九三
- 《百战奇略》众战第十一　一四一

　　　　寡战第十二　一三九／弱战第二十　一三七

　　　　形战第二十三　一三五／备战第二十七　一五一

　　　　攻战第三十七　一二三／守战第三十八　一二三

　　　　奇战第四十一　七三／正战第四十二　七三

　　　　虚战第四十三　一一九／实战第四十四　一一九

　　　　进战第五十九　一六三／致战第六十二　一二九

　　　　天战第八十五　三二三／变战第九十八　一六三

　　　　好战第九十九　二一／忘战第一百　二一
- 《兵经百言》智部　一九三／智部·机　一七七

　　　　智部·预　一四五／法部·发　一八一
- 《吴子》图国第一　一七，一九

　　　　料敌第二　一五三，一六七／治兵第三　一四五，一四七，一八三

　　　　论将第四　六五，一八一，二五一／应变第五　一三七
- 《吕氏春秋》当染　二〇九／先己　一九九

　　　　荡兵　二一／当务　二九七，三〇一

　　　　谕大　七，九，二八一，二八三／本味　二〇三

　　　　首时　三二九／长攻　三／慎人　三〇五

　　　　正名　二三一，二三三／淫辞　二九五，二九七

　　　　用民　二九九

　　　　　贵当　二九九，三一七／分职　二二七，二二九

　　　　　处方　二二七，二二九／务大　二八一

- 《孝经》开宗明义章第一　二九一
- 《呻吟语》存心　九七，一〇五，一一三，一一五，一四九

　　　　　谈道　九九，三〇七，三一五／修身　一〇五，二二五，二三五

　　　　　问学　九三／品藻　九七／治道　二二九
- 《孟子》梁惠王上　二四五

　　　　公孙丑上　三三，四一，三三一

　　　　公孙丑下　二七三，三三五

　　　　滕文公上　二四三，二七三

　　　　滕文公下　五／离娄下　二九七

　　　　告子上　一九一，二一一，三〇七／告子下　三一

　　　　尽心上　二〇七，二〇九，二六一，三〇九，三一七

　　　　尽心下　四一，二一五，三〇九
- 《尚书》周书·洪范　二九／商书·太甲中　一五七
- 《东轩记》（苏辙）　三〇七
- 《帝范》　七，二八一
- 《后汉书》耿弇列传　一九
- 《唐太宗李卫公问对》卷上　七五，七七，七九，八一，八三

　　　　　　　　　卷中　七九，八三，八五，一二七，一二九

　　　　　　　　　卷下　一六五，一九七
- 《孙子兵法》始计第一　一五，四九，一二一，三二一

　　　　　　作战第二　五七

　　　　　　谋攻第三　一三五，一六七，一九五，二五一

　　　　　　军形第四　一六一，一六三

　　　　　　兵势第五　七三，七七，八三，一一九，一三一

　　　　　　虚实第六　一一九，一二一，一二九，一三一，一三五

　　　　　　军争第七　一八九，一九一／九变第八　二四七

　　　　　　九地第十一　一六三，一八三，一八五

- 《格言联璧》持躬　二一一，二九九／惠言　二一一
- 《破窑赋》（吕蒙正）　三三七
- 《荀子》修身第二　三一三／非相第五　二三七

　　　　　王霸第十一　三五，二二七

　　　　　议兵第十五　三七，五五，五七，六三

　　　　　解蔽第二十一　一一一，一一三

- 《商君书》定分第二十六　二三一
- 《尉缭子》武议第八　一五，六一

　　　　　勒卒令第十八　七九

　　　　　兵令上第二十三　二三，五三，一二七

- 《将苑》智用第十四　三二一

　　　　　戒备第十七　一五三／机形第二十二　一八一

　　　　　应机第三十三　一八三

- 《淮南子》俶真　三二七，三二九
- 《围炉夜话》　二一三
- 《棋经十三篇》合战第四　一八三
- 《菜根谭》应酬　一五一
- 《黄石公素书》原始章第一　一九三，三三三
- 《诗经》大雅·桑柔　三二三
- 《道德经》第二章　一〇一，二四三／第三章　一〇七

　　　　　第五章　一〇七／第十一章　一〇七／第十五章　一〇七

　　　　　第十六章　一〇九／第三十章　一七

　　　　　第三十一章　一七／第三十九章　九五

　　　　　第四十二章　九五／第四十五章　一〇九

　　　　　第五十七章　七三／第七十四章　一九

　　　　　第七十八章　一九九

· 《荣枯鉴》示伪第八　九五，九七

· 《汉书》董仲舒传　三〇七

· 《管子》枢言第十二　二〇九，二三三

　　　　兵法第十七　五一

　　　　霸言第二十三　三一，三三，三九，三二七，三三三

· 《说苑》君道第一　二四七／臣术第二　二四九

　　　　建本第三　一四九，一五一，三〇九，三一一，三一三

　　　　政理第七　二九，三九／尊贤第八　二〇七

　　　　正谏第九　一九七／权谋第十三　一六九，一七一，一九三

　　　　谈丛第十六　一四七／杂言第十七　一三五

· 《潜夫论》务本第二　二〇三，二〇五，二一五

· 《潜书》上篇上·辨儒　五

　　　　上篇上·敬修　七／上篇下·有为　五

　　　　上篇下·格定　五／下篇上·善游　一一

　　　　下篇下·全学　五九，六一／下篇下·五形　八一，一四一

　　　　下篇下·仁师　二三

· 《论语》学而篇　二〇七／为政篇　二四五，二五九

　　　　八佾篇　二九一／里仁篇　二七一／雍也篇　三〇七

　　　　泰伯篇　一一五，二二七／子罕篇　三〇九／颜渊篇　二五三

　　　　子路篇　六七，一九三，一九九，二二三，三一七

　　　　　宪问篇　二七一 / 卫灵公篇　五，一四五，二九七

　　　　　阳货篇　二三五 / 子张篇　一九七

· 《谏逐客书》（李斯）　三一

· 《韩非子》扬权　二二三 / 说难　一九七

　　　　　解老　一〇九，一一一，一九五 / 安危　一一九

　　　　　功名　三二五

　　　　　外储说左上　二五三 / 难一　四一，五三，五五

· 《礼记》礼运第九　二四三

· 《续资治通鉴》卷一百四十二　一八三

· *Acres of Diamonds*　二七三

· *As You Like It*　二六三

· *How Life Imitates Chess*　一七七

· *How To Think Like A CEO*　三〇五

· *The 48 Laws of Power*　七一，二七七

· *The Art of Seduction*　三

· *The Art of Worldly Wisdom*　一七三，二七七

· *The Impossible Dream*　二八五

· *The Lost Art of the Great Speech*　九七

· *The Upside*　八九